KB163431

경희대학교 국제지역연구원 환동해지역연구 시리즈

환동해지역의 오래된 현재

이 저서는 2011년 정부(교육과학기술부)의 재원으로 한국연구재단의 지원을 받아 수행된 연구입니다.
(과제 번호 : NRF-2011-362-H00001)

경희대학교 국제지역연구원 환동해지역연구 시리즈

환동해지역의
오래된 현재

김석희 | 마나베 유코 | 박용숙 | 신진식 | 김동규 | 박연주

해토

샤머니즘으로 본 환동해지역의 어제와 오늘

환동해지역의 선사시대 유적들은 러시아 극동지역에서 한반도에 이르는 문화적 네트워크를 보여 주고 있으며, 선사인들이 한반도 동해안 루트를 따라 이동한 것을 말해 주고 있다. 고고학자들은 이 자취 속에서 환동해문명권의 존재를 읽어 냈다. 한·중·일·러는 국가 단위로 분절되어 있지만, 환동해지역에 인류가 살았던 대부분의 시간 동안 이 지역은 하나의 문명권이었다. 그리고 암각화와 유물들이 보여 주는 바와 같이 그 세월 동안 샤머니즘은 환동해지역 거주민의 공통적 정서의 기반이었으며 하늘과의 교감이 절실했던 시대에 정치·사상적 권력이기도 했다. 샤머니즘은 떨어진 시간과 시간, 공간과 공간, 인간과 신을 묶는 매듭이다. 묶으면 견고한 연결을 의미하지만 풀면 자취도 없이 사라지는 것, 그것이 샤먼의 역할이었다. 시간이 지남에 따라 주술적 권력은 사라지고 미신적 종교의 형태나 설화로 남게 되었지만, 샤머니즘의 시대에 그것은 세계를 주도하는 사상이었음에 틀림없다.

샤머니즘을 흔히 '기층문화'라고 부른다. '기층문화'라는 말이 내포하고 있는 지층 패러다임은 기층문화를 과거에 배치하는 미래우월적 담론을 구축한다. 샤머니즘은 과거 혹은 잠재적 기층에 속한 것으로 표상되지만, 그 세력 면에서 유교나 불교, 기독교 등에 자리를 내어 주면서도 실질적으로는 거의 언제나 현재적, 표층적 위치에 존재하였다. '모든 우주적 진화론을 경계해야 한다'는 들뢰즈와 가타리의 말을 굳이 인용하지 않더라도, 문화를 진화론적 패러다임으로 보는 것은 현재에 있어서도 과거적過去的 공간에 살고 있는 사람들을 '미개'로 규정할 위험성을 안고 있다는 점에서 경계해야 마땅한 일이다. 그러나 한 발 더 나아가서 과거적 공간의 덜 근대화된 사람들을 미개하다고 볼 수 없다면, 과거 공간의 사람들 역시 미개하다고 볼 수는 없지 않을까? 과거지층(하부지층)에서 공급받은 재료는 상부지층 내의 합성물보다 단순하지만, 그렇다고 현재지층(상부지층)이 과거지층보다 위대함을 의미할 수는 없는 것과 마찬가지로 말이다. 진화론적 패러다임 안에 있는 지층 메타포로 문화를 바라보는 한 우리는 미래우월적 담론으로부터 자유로울 수 없다.

이 책에 실린 여섯 편의 논고는 다양한 전공의 필자들이 환동해지역의 인식적 기층과 그 현재성이라는 두 개의 키워드를 축으로 집필한 것으로, 시간적으로 수직적인 종교의 진화 과정이라는 관점을 벗어나 수평적 관점에서 샤머니즘을 바라본다. 한·중·일·러를 아우르는 환동해라는 지역성과 유교, 기독교, 불교 등 외래 종교와의 만남이라는 시간성이 교차하는 담론의 장으로서 현대 철학, 현대 대중문화 등의 관점을 도입한 논고들이 수록되어 있다. 다만, 이 책이 샤머니즘을 주요 키워드로 하고 있지만 샤머니즘 자체에 대한 고찰이 목적은 아니라는 것은 말해 두고 싶다. 오히려 샤머니즘을 통하여 환동해지역의 시간과 시간, 공간과 공간 사이의 정신적 연결성을 보려는 시도로 생각되기를 원한다. 이 책에 실린 글들은, 환동해지역의 샤머니즘이 미개한 과거로서가 아니라, 현재적 정서와 사상의 기반으로서 존재한다고 말한다.

김석희의 「스크린으로 돌아온 샤머니즘: 현재로서의 샤머니즘, 미야자키 하야오宮崎駿의 작품을 중심으로」는 〈모노노케히메〉와 〈센과 치히로의 행방불명〉 등을 통해, 샤머니즘이 주술적 권력으로서의 힘을 잃기는 했지만 무분별한 인간의 욕망에 경종을 울리는 '현재'임을 말한다. 마나베 유코의 「도미야마 타에코富山妙子 화백의 작품세계 속 '무당' 모티브: 식민지주의에서의 '한풀이'를 위하여」는 대일본제국이라는 식민지주의에 있어서의 식민자·지배자의 자식이라는 '기억의 풍경'과 그 속에서 얻게 된 민중의 아픔을 시공간을 넘어 '한풀이'하는 장치로써 예술에 도입된 샤머니즘에 대하여 기술하고 있다. 박용숙의 「샤머니즘과 지동설: 시베리아 제 민족의 샤머니즘과 한국의 무속」은 '미개'한 것으로 인식되고 있는 환동해지역의 샤머니즘이 오히려 '지동설문명'이라는 매우 직관적인 동시에 과학적인 사유 시스템이었음을 주장한다. 신진식의 「중국 샤머니즘의 형성과 전개」는 중국문화로서의 샤머니즘이 유교문명과 깊은 관련이 있었음을 제시하고 있다. 김동규의 「무속의 관계적 인식론: 기독교 자연관과의 비교를 중심으로」는 한국의 무속과 기독교적 자연관을 비교하고 있으며, 박연주의 「셸 위 댄스?: 일본 중세 천태불교의 카미神담론」은 일본의 종교와 신도의 관계를 심도 있게 파헤치고 있다.

이 서문을 쓰는 오늘은 우연히도 5월 18일, 광주민주화운동 37주년 기념일이다. 문재인 정부가 시작된 지 일주일, 대통령이 직접 정부 대표로 참석하여 〈임을 위한 행진곡〉을 제창하는 모습을 본다. 진혼과 위로는 시간과 시간, 공간과 공간 사이, 닿을 수 없는 간절한 염원들을 만나게 하는 매듭이다.

진혼과 위로의 정서 속에도 환동해지역의 기층문화는 존재한다. 기층문화로서의 샤머니즘은 탈식민과 탈독재의 길목마다 하나의 문화코드로 이어졌다. 이 책은 오늘날 분쟁과 긴장의 상징과도 같은 환동해지역에 하나의 정신문화권으로서 샤머니즘이 존재했음을 응시하고 있다. 환동해지역에서 국경을 넘는 일이 지금처럼 어려운 시절은 수천 년 역사에 유례없는 일이다. 샤머니즘이라는 키워드로 환동해지역의 정신사를 이 책 한 권에 다 담을 수는 없지만, 이 책이 환동해지역의 어제와 오늘을 생각하는 하나의 매듭이 될 수 있기를 바란다.

2017년 5월 18일
경희대 국제지역연구원 HK연구교수 김석희

|차례|

스크린으로 돌아온 샤머니즘 : 현재로서의 샤머니즘, 미야자키 하야오宮崎駿의 작품을 중심으로

김석희

1. 지금 왜 샤머니즘인가?

근대 초기 '미신타파운동'이라는 이름 아래 타파의 대상이었던 샤머니즘은 호모사피엔스의 인류사 초기에는 하나의 정신적인 '첨단기술'이자 '정치적 권력'이었다. 샤먼은 우주의 움직임을 간파했으며 아메리카 인디언처럼 환각제(그 환각제는 샤먼이 관리하였다)를 통해 집단적인 엑스터시에 이르기도 하고, 환동해지역의 샤먼처럼 주술적 행위에 의해 엑스터시에 이르기도 했다. 나카자와 신이치中沢新一에 의하면 그것은 '신의 발명'이었다. 그 시기의 인류는 '초월성'을 감지할 수 있었으나 현대과학에 의해 현실적 권력을 잃으면서 인간은 그 초월성의 직관을 포기하게 된 것이다.[1] 정치적 권력을 잃은 샤머니즘은 '미신적' 종교의 형태나 설화적 이야기, 즉 신화의 형태로 남게 되었다. 범접할 수 없었던 샤먼과 신의 존재는 이제 대중화되고 때로 희화화된다. 대중화된다는 것은 곧 상업화된다는 의미이기도 하다.

---

1 나카자와 신이치, 『신의 발명. 인류의 지知와 종교의 기원』, 김옥희 역, 동아시아, 2003.

신화의 시대에는 인간과 동물 사이에 뛰어넘을 수 없는 벽 같은 것이 없었다. 동물들은 언제든 털가죽을 벗고 인간처럼 행동했으며, 여성은 동물의 신부가 되기도 했다. 인간과 동물, 인간과 신, 인간과 인간 사이에는 수평적이고도 '대칭적인 관계'가 구축되어 있었던 것이다.[2] 국가가 생기기 이전의 그들은 서로 평등했다. 지금 우리가 '야만'이나 '미개'라는 단어를 동원하여 칭하는 신화시대의 인류는, 동물을 지배한다고 생각하거나 동세대의 타민족을 '야만'이라 규정하는 현대의 인류보다 훨씬 더 품위 있는 문화인들이었던 셈이다.

미야자키 하야오의 작품에 주목하는 것은, 그의 작품이 샤머니즘을 스크린에 담음으로써 샤머니즘을 대중화하고 상업화한 것임에 틀림없지만 그것이 단순한 재미를 넘어 우리 시대에 던지는 커다란 메시지가 있기 때문이다. 신과 인간, 인간과 동물, 인간과 인간이 '도모니 이키루미치(함께 살아갈 방법)'를 도모하는 그의 작품들은, 샤머니즘이 가진 사상이 미개한 과거가 아니라 우리가 살아가야 할 미래임을 보여 준다.

2. 샤머니즘과 지브리 애니메이션

〈이웃집 도토로となりのトトロ〉, 〈천공의 성 라퓨타天空の城ラピュータ〉, 〈바람의 계곡 나우시카風の谷ナウシカ〉, 〈모노노케히메もののけ姫〉, 〈센과 치히로의 행방불명先と千尋の神隠し〉 등 작품의 기저에는 우리가 의식하든 의식하지 않든 숲(대자연)을 향한 숭배를 근간으로 하는 일본적 샤머니즘이 흐르고 있다. 〈이웃

2 나카자와 신이치, 『곰에서 왕으로: 국가, 그리고 야만의 탄생』, 김옥희 역, 동아시아, 2005.

집 도토로〉의 도토로가 새싹을 틔우는 장면, 〈모노노케히메〉의 시시가미가 에보시의 총에 갑자기 풀이 돋아나게 만드는 장면 등은 대표적으로 숲의 신의 능력을 보여 주는 장면이다.

박규태 등은 미야자키 하야오의 작품에 제시된 일본적 샤머니즘이 결국 일본의 신도와 이어지는 일본적 내셔널리즘의 발현이라 분석한 바 있으며,[3] 필자 역시 〈센과 치히로의 행방불명〉이나 〈하울의 움직이는 성ハウルの動く城〉에 나타난 미야자키 하야오의 내셔널리즘을 논한 적이 있다. 그러나 여기에서는 내셔널한 이모션이나 이데올로기를 떠나 샤머니즘의 철학적 메시지에 집중하여 논의를 전개하고자 한다.

지브리 스타지오의 수많은 작품에는 일본적 샤머니즘이 존재한다. 그중에서도 〈모노노케히메〉를 대표적인 작품으로 꼽을 수 있다. 〈모노노케히메〉는 한국에서 〈원령공주〉라는 제목으로 번역되어 보급되었는데, 여기서는 원제를 살려 〈모노노케히메〉로 칭하겠다.

〈모노노케히메〉는 다음과 같은 말로 스크린을 연다.

옛날, 이 나라는 깊은 숲에
둘러싸여 있었고, 거기에는 태고로부터
여러 신들이 살고 있었다.

〈모노노케히메〉는 '야오요로즈노 가미가미八百万の神々'가 인간과 함께 살던 세상을 배경으로 한다. 야오요로즈, 즉 팔백만이란 이 세상의 모든 신들을 의미하는 숫자이다. 한국의 옛이야기가 '호랑이가 담배 먹던 시절'로 거슬러 올라간다면, 일본의 옛날이야기는 '야오요로즈노 가미가미가 이 땅에 살

---

3 박규태, 『애니메이션으로 보는 일본』, 살림, 2005.

고 있었던 시절'로 거슬러 올라간다.

사무라이가 등장하고 총이 등장하는 것을 참고하면 이 작품은 에도막부시대를 배경으로 한다는 것을 짐작할 수 있다. 욕심이 커져 세상 모든 것을 가지고 싶어 하는 인간은, 철과 화약을 통해 주변을 죽이는 형태로 욕망을 실현해 나간다. 인간은 숲을 차지하기 위해 숲의 신들을 죽이기 시작한다. 숲의 멧돼지신이었던 나곤은 인간이 쏜 총에 맞고 그 분노를 이기지 못한 채 재앙신이 되어 달리다가 주인공 아시타카의 마을에 도착하지만 소년 아시타카에 의해 죽게 된다. 아시타카는 마을을 구했지만 재앙신의 저주를 받아 팔에 저주의 멍자국이 생기고, 그로 인해 서서히 죽어갈 운명을 안게 된다. 그러나 저주의 힘은 때로 위기 상황에 놓인 아시타카의 목숨을 구하는 힘이 되기도 한다.

'히이사마'라 불리는 할머니 샤먼으로부터 서쪽나라 끝으로 가서 시시가미를 만나면 저주를 풀 수 있다는 이야기를 듣게 된 아시타카는 산양 야쿠르를 타고 타타라마을에 이른다. 타타라마을에는 에보시라는 강력한 여성지도자 아래 의리 있고 유능한 여성전사들이 철을 만들어 내며 살아가고 있다. '타타라'는 말도 풀무질을 의미하는 말이다. 타타라마을의 에보시는 숲의 신들에게 적대감을 가지고 있어 시시가미를 죽이고자 한다. 마침 시시가미의 머리를 원하는 영주의 명도 있어 사무라이들과 영합하여 숲을 공격한다.

이 작품은 '시시가미'라는 대자연을 상징하는, 그리고 삶과 죽음을 관장하는 강력한 신이 작품 전체를 압도한다. 시시가미의 숲에는 많은 정령들이 살고, 늑대와 멧돼지들이 산다. 그리고 늑대의 양녀이자 인간으로부터 버림받은 '산(모노노케히메)'이라는 소녀가 신과 동물, 신과 인간의 중개자, 즉 샤먼으로서의 역할을 담당한다. 산은 동물의 언어를 이해하기도 하고, 신과도 인간과도 소통할 수 있다는 점에서 신화적 존재, 샤먼적 존재라 할 수 있다. 그러나 산은 인간에 대한 분노에 가득 차 있으며 늑대로서의 아이덴티티를 가지고 있다. 산은 아시타카를 공격하지만 아시타카는 끊임없이 산에게 따뜻한 마음을 보낸다. 아시타카는 인간의 마을과 숲이 함께 살 수 있기를 바라지만 타타라마을 사람들에게는 '짐승의 편'으로, 동물신들에게는 '인간의 편'으로 오해받기도 한다.

결국 에보시는 수많은 맷돼지들을 화염 속에 섬멸시키고 밤의 모습으로 변신하는 시시가미의 목을 총으로 쏘아 떨어뜨린다. 영주의 심부름꾼이 머리를 가지고 도망치자 시시가미의 몸은 머리를 찾아 헤맨다. 햇볕이 떠오르면 사라질 운명에 처한 시시가미가 죽어감에 따라 모든 숲과 생명들은 죽음의 기운에 휩싸인다. 아시타카와 산의 활약으로 동트기 직전 시시가미는 머리를 찾게 된다.

산과 아시타카가 시시가미에게 머리를 바치는 장면은 더할 것도 뺄 것도 없이 그대로 대자연의 영을 위로하는 샤먼의 의식이다. 동트기 직전에 머리를 찾은 시시가미는 쓰러지지만, 그것은 대자연의 재생을 의미하는 것이다. 시시가미가 죽었으니 숲도 죽었다며 슬퍼하는 산에게 아시타카는 "시시가미는 죽거나 하지 않아. 생명 그 자체니까"라고 말한다. 그리고 인간을 용서할 수 없는 산에게 "너는 숲에서, 나는 타타라마을에서 '함께' 살아가자"고 말한다. 샤먼 모노노케히메의 세상과 인간 아시타카의 세상은 서로의 영역을 오가며 수평적이고 대칭적인 관계로 존재하는 것이다.

인간이 가공할 화력을 개발하고 대자연을 파괴하기 시작하는 시점은 인간이 신에게 맞서고 신을 제압하는 경지에 이르는 시점이지만, 그것은 동시에 자기파멸의 시작이기도 하다.

3. 환동해지역 신화와 〈모노노케히메〉

〈모노노케히메〉는 일본의 전통적 사상이나 샤머니즘에 근거하고 있지만, 넓게는 세계적으로, 좁게는 환동해지역의 많은 신화들과 연관성이 있다. 특히 사슴신의 형태를 한 시시가미와 활을 쏘는 영웅이야기 등은 환동해적 특성을 보여 주는 모티브이다.

아시타카가 팔의 치료를 위해 서쪽으로 떠나는 모티브는 미야자키 하야오 자신도 밝혔듯이 길가메쉬신화에서 출발한다.[4] 우르크왕 길가메쉬는 인간의 세계를 확장하기 위해 레바논의 삼나무숲을 베어 버린다. 그러자 삼나무신이 길가메쉬를 공격하고 길가메쉬는 이를 받아쳐서 훈바바를 죽인다. 그러나 그 대가로 절친한 친구 엔키두가 죽게 되자, 불사초를 얻기 위해 길을 떠난다. 그는 태양신의 도움으로 바다를 건너고 하늘에 닿아 가까스로 약초를 구하기는 하지만, 목욕을 하던 중에 약초의 향기를 맡은 뱀에게 약초를 빼앗긴다. 우르크로 돌아온 길가메쉬는 신과 숲을 파괴하고 인간의 욕심을 추구한 자신의 오만과 과오를 부끄러워하며 죽어간다.[5]

그러나 이 신화는 중국 신화에도 등장한다. '예'라는 인물이 하늘에 있는 열 개의 태양 중 아홉 개를 활로 쏘아 떨어뜨린다는 신화이다. 예는 불사약을 구하기 위해 곤륜산崑崙山에 오른다. 허영은에 의하면, 〈모노노케히메〉의 아시타카 이야기는 길가메쉬신화보다는 오히려 예신화의 동양적인 틀과 더 많이 유사하다. 늑대에게 키워진 영웅이야기는 로마신화에도 등장하지만, 거란의 시조신화 역시 늑대이야기 모티브를 가지고 있다.[6] 곤륜산에는 목화木禾

4　鈴木敏夫,「ドイツ·ベルリン映画祭インタービュー」,『ロマンアルバム·アニメーションスペシャル　宮崎駿と庵野秀明』, 德間書店, 1998.

5　김산해, 『길가메쉬 서사시』, 휴머니스트, 2005.

6　허영은, 「〈모노노케히메〉의 신화적 상상력」, 『인문과학연구』 31, 2008, pp. 95-119.

라고 하는 생명수가 자란다고 하는데, 이는 러시아 부랴트의 신화세계에 존재하는 생명수 개념과도 닮았다.

지모신인 시시가미는 사슴의 모습을 하고 있다. 사슴은 러시아, 몽골, 한국, 중국, 일본에 이르기까지 선사시대 암각화나 신화에 공통적으로 등장하는 상징물이다. 한국의 선사시대 암각화에서도 사슴의 모습을 확인할 수 있다. 사슴의 뿔은 부러져도 다시 자라난다는 의미에서 재생을 의미한다. 중국의 서왕모西王母신화에서도 지모신인 서왕모가 자주 사슴의 모습으로 나타난다. 한국의 설화 중에도 사슴을 살려준 나무꾼이 복을 받았다는 이야기가 전한다. 러시아 극동 소수민족의 샤먼이 쓰는 모자도 녹각으로 장식되는데, 녹각의 가지는 생명수의 상징이기도 하다.

〈모노노케히메〉에서는 시시가미가 발을 내딛을 때마다 초목이 자라나며, 반대로 시시가미가 죽어갈 때 모든 생명이 그와 닿기만 해도 목숨을 잃는다. 자웅을 한 몸에 지니고 있으며 삶과 죽음을 동시에 관장하는 신이기도 하다. 총에 맞은 아시타카의 상처를 치료해 주고 새로운 생명을 주기도 하지만, 재앙신으로 변해 가는 멧돼지신 옷코토누시의 생명을 거두어들이기도 한다. 새로운 생명도 소중하지만 소멸 또한 우주자연의 조화를 위해 필요한 것임을 나타내는 것이다. 총에 맞아 죽어가는 아시타카를 생명의 호수로 데리고 간 산은, 그를 호수 중앙의 생명수 혹은 우주목이 있는 섬으로 데려간다. 그리고 나뭇가지를 아시타카의 머리 위에 꽂는다. 이것은 일본 전통의 신도에서 신관이 신내림을 받을 때의 의식이다. 나무에 신이 내린다는 발상이기도 한데, 시시가미가 나타나 나무에서 숨을 거두어들이자 나무는 죽고 아시타카는 살아난다.[7]

시시가미와 관련하여 빼놓을 수 없는 것은 달이다. 초생달 모양을 한 사슴

---

7 위의 논문, p. 104.

의 뿔은 달을 연상시키는데, 이울고 차거나 죽었다 다시 살아난다는 점에서 재생의 의미를 가진다. 시시가미는 달이 뜨면 그 생명력으로 거대한 밤의 신 데이타라보치가 된다. 야나기타 구니오에 의하면, 데이타라보치는 일본 각지에서 전승되는 거인신이자 산과 호수의 창조신[8]이다. 데이타라는 지역마다 비슷한 호칭들이 존재하는데, '거인'을 의미하는 '다이타로大太郎'에서 왔을 가능성이 높다. 한국의 구미호설화 등에도 보름달이 뜨는 밤에 주술적 힘이 최대가 되어 변신할 수 있게 되는 이야기가 곧잘 나온다. 데이타라보치는 일본적인 신인 동시에 달이라는 생명력을 근거로 한다는 점에서 환동해지역의 신화적 정서를 품고 있다.

4. 인간의 욕망과 샤머니즘 세계, 그 대칭점에 존재하는 무욕의 주인공들

〈모노노케히메〉에는 재앙신이, 〈센과 치히로의 행방불명〉에는 쿠사레가미 (오물신)가 등장한다. 재앙신과 쿠사레가미의 공통점은 그들이 인간의 욕심에 의해 보기 흉한 모습을 가지게 되었다는 점이다. 재앙신은 원래 숲을 지키는 멧돼지신이었으나 인간에게 총을 맞고 그 분노로 인해 재앙신이 된 존재로, 온 몸이 털 대신 하나하나 살아 움직이는 듯한 실뱀 같은 생물로 뒤덮인다. 〈센과 치히로의 행방불명〉에 등장하는 쿠사레가미는 원래 강의 신이었으나 인간이 버린 엄청난 폐기물로 인해 모두가 코를 막을 수밖에 없을 정도로 지저분한 오물신의 모습이 된다. 이들이 제 모습을 찾기 위해서는 욕심 없는 인간의 수고와 노력이 필요하다. 〈모노노케히메〉에서는 아시타카, 〈센과 치히로의 행방불명〉에서는 센이라는 무욕의 존재들이 이를 수행한다.

---

8 柳田国男, 『ダイダラ坊の足跡』, 中央公論社, 1927.

(1) 아시타카

〈모노노케히메〉의 아시타카는 직접 샤먼으로서의 역할을 하는 것은 아니지만 인간계와 신의 세계를 중재하는 역할을 한다. 재앙신과 싸움으로써 신의 분노로부터 인간을 보호하기도 하지만, 인간이 무력으로 신의 세계를 침범하는 것을 힘써 막는다. 그는 '경계'에 서 있는 존재이다. 아시타카는 두 세계의 균형을 잡는다. 그 균형은 자기를 부정하는 것이어서도 안 되고 상대를 부정하는 것이어서도 안 된다는 메시지를 기반으로 한다.

중간자로서의 아시타카를 보여 주는 대표적인 장면은 모노노케히메가 에보시를 죽이려고 타타라마을에 왔을 때의 대적 장면이다. 에보시는 '풍요로운 나라豊かな国'를 만들기 위해 철을 필요로 하는데, 낮은 곳의 사철이 바닥난 상황에서는 점차로 산과 숲의 자원을 필요로 한다. 미야자키 하야오의 작품 속에서 철은 인간의 발전과 욕망을 상징하는 메타포다. 〈센과 치히로의 행방불명〉에서 강의 신이 뱉어 낸 오물도 무기를 포함한 고철들이었다. 그러나 숲 속에는 시시가미가 있고, 시시가미가 있는 한 그의 힘에 의해 많은 동물들이 신적 존재로서의 힘을 가진다. 에보시는 이미 멧돼지신 나고를 죽였지만 계속해서 신의 영역을 좁혀 들어간다. 인간에게 버려져 늑대신의 손에 자란 모노노케히메는 에보시를 죽이려고 마을에 가지만, 에보시와 대적하다 오히려 죽을 위기에 처한다. 이때 인간세상의 욕망과 풍요를 대표하는 에보시, 그리고 숲의 신성과 분노를 대표하는 샤먼, 모노노케히메는 각각 인간세계와 샤머니즘의 세계를 나타낸다. 아시타카는 재앙신의 저주로 얻게 된 오른팔의 괴력을 이용하여 두 사람을 모두 기절시키고, 모노노케히메를 들쳐 업은 채 숲을 향한다. 그러다 아시타카는 총에 맞아 저주의 힘이 잠들 무렵 쓰러지고 만다. 쓰러진 아시타카에게 모노노케히메는 묻는다.

모노노케히메: 총을 맞은 건가? 죽는 것인가?

왜 나를 방해한 거지?

죽기 전에 대답해!

아시타카: 너를 죽게 하고 싶지 않았어.

모노노케히메: 죽음 따위 무서울까봐?

인간을 쫓아낼 수 있다면 목숨 따위 필요 없어.

아시타카: 알고 있어. 처음 만났을 때부터.

모노노케히메: 쓸데없이 훼방을 놓아 개죽음 당하는 건 너야! 그 목을 찢어발겨

두 번 다시 쓸데없는 참견을 못하게 만들어 줄 테다!

아시타카: 살아야 해….

모노노케히메: 아직도 그런 말을. 인간이 하는 말 따위 안 들어.

아시타카: 너는 아름다워.

이 장면의 아시타카는 자신이 죽음의 문턱에 서 있으면서 모노노케히메에게 "살아야 해"라고 말한다. 그리고 그녀의 거친 말에도 아랑곳하지 않고 "너는 아름다워"라고 말한다. 그 말은 자신도 인간이면서 인간을 미워할 수밖에 없는 모노노케히메의 깊은 내면을 건드리는 말이었다. 모노노케히메는 소스라치게 놀라 뒤로 흠칫 물러선다. 이 말은 소년의 고백이자 소녀 자신이 여성, 즉 인간의 여자임을 일깨우는 말이기 때문이다. 아시타카는 모노노케히메에게 인간에 대한 증오가 자신을 향한 증오일 수 있음을 일깨워 준다.

한편 아시타카는 함께 철을 만들며 살자는 에보시의 유혹에도 넘어가지 않을 뿐 아니라 인간의 욕심이 숲을 파괴할 때마다 이를 막으며, 숲의 진노가 인간에 닿으려 할 때 그 또한 막는다. 그리하여 신(시시가미)과 인간의 관계를 회복시키는 존재다. 왕의 심부름꾼인 지코가 생명을 준다는 시시가미의 머리를 취해 달아나다 더 이상 달아날 수 없는 상황이 되었는데도 욕심을 버리지 못하는 장면에서, 아시타카는 자신의 힘으로 빼앗아 시시가미에게 돌려줄 수 있었지만 그렇게 하지 않는다. 그는 '인간의 손으로 돌려줬으면

좋겠다'고 말할 뿐이다. 신 앞에서 죄인이 되어 자신뿐 아니라 모든 인간을 파멸의 길로 이끌 뻔한 지코에게 속죄의 기회를 준 것이다. 캐릭터로는 모노노케히메가 샤먼에 해당하지만, 그녀는 숲의 분노를 안고 있다는 점에서 중간자로서의 스탠스를 취하고 있지는 않다. 오히려 신의 세계를 대변하고 있다고 하는 편이 옳을 것이다. 아시타카는 이 이야기의 실질적인 해결자이자 중간자로서의 역할을 하는 샤먼이라 할 수 있다.

인간의 욕망으로 인해 생겨난 신의 고통과 인간 자신의 고통을 무욕의 존재가 해결한다는 플롯은 〈센과 치히로의 행방불명〉에서 극대화된다.

(2) 센

〈센과 치히로의 행방불명〉은 일본의 샤머니즘을 이루는 수많은 신들이 등장하는 애니메이션이다. 그런데 이 애니메이션에서는 그 신들의 세계조차 욕망에 휩싸여 있다. 〈모노노케히메〉적으로 말한다면 그들은 욕망에 영혼을 판 재앙신들인 셈이다.

미야자키 하야오가 직접 그린 〈센과 치히로의 행방불명〉 콘티에는 유바바의 방 부분에 '일본 환락가의 정점, 화력하고 현란한 양식, 뒤범벅된 동아시아 스타일'이라고 적혀 있다. 온천장의 욕탕은 윗부분이 뻥 뚫린 채 천정까지 이어지고 그 주위를 회전식 복도가 감싸며, 바깥 부분에 연회장과 객실이 배치되어 있어 엘리베이터를 통해 위 아래로 이동 가능한 구조를 이루고 있는데, 온천장의 인테리어는 빨간 물감을 화면 위에 직접 눌려 짜면서 표현을 했고, 그것을 기본으로 하여 장식이 배색되어 있다. 홍등가를 연상시키는 식당가 풍경과 색채, 미야자키 하야오의 친필메모는 이 영화의 무대가 욕망 표상으로 이루어져 있음을 보여 준다.[9]

인물 설정 역시 욕망을 키워드로 하고 있다고 해도 좋을 정도다. 유바바가

---

9 기리도오시 리사쿠, 『미야자키하야오론』, 남도현 역, 열음사, 2002, p. 407.

대표적인 존재로, 그녀의 커다란 머리와 눈, 권위적인 날카로움을 지닌 매부리코를 통해 그 욕망이 전달된다. 영상매체에 등장하는 얼굴은 그 자체로 상징성을 띨 수밖에 없다. 영화에서는 배우가 가면을 쓰고 등장하는 경우가 있는데, 그것은 등장인물의 본얼굴이 '있음'을 전제로 하며 그 얼굴에 대한 궁금증을 극대화시키는 효과를 노리기도 한다. 그런데 〈센과 치히로의 행방불명〉에 등장하는 '가오나시カオナシ'는 가면을 쓰고 있을 뿐 얼굴이 없다는 설정이라는 점에서 이례적이다. 끝까지 맨얼굴이 드러나는 법도 없다. 이름 그대로 '가오나시'인 것이다. 그러나 그의 가면은 관객의 시선에 의해 '얼굴'로 치환되어 인식된다는 점에서 상징적인 '얼굴'이며, 그 얼굴(=가면)이 반드시 무표정하거나 일률적인 것도 아니다. 일본의 전통 가면극 노能를 상기시키는 그의 가면은 '표정'을 가진다는 의미에서의 '얼굴'이다. 센이 다리를 건너는 장면에서 처음 나타나는 가오나시의 얼굴과 비대해진 뒤에 나타나는 얼굴 – 특히 입 – 은 그 모양이 다르다. 노의 가면도 얼굴의 각도에 따라 표정이 달라 보인다는 점을 참고한다면 가오나시의 얼굴이 단순한 가면이 아님은 분명하다. 그의 가면은 분명히 그의 심상을 나타내는 '얼굴'이다. 그리고 닥치는 대로 음식과 사람을 집어삼킬 때 보이듯이 가면 아래에 아귀처럼 커다란 입을 가지고 있다. 그의 가면 밑에는 진짜 얼굴이 존재한다. 그럼에도 불구하고 그의 이름이 '가오나시'인 것은 무정형이 욕망으로 변화해 가는 과정을 통해 그의 존재 자체가 상징적으로 읽혀야 함을 시사하는 것이다.[10]

미야자키 하야오는 〈센과 치히로의 행방불명〉에 대하여 "이 영화는 먹은 것은 다 토해 내야 하는 영화"라는 표현을 한 바 있다.[11] 이는 오쿠사레사마(나중에 강의 신으로 밝혀진 존재)가 인간이 버린 오물들로 더러워졌다가

---

10 김석희, 「욕망과 무욕의 내러티브 〈센과 치히로의 행방불명〉의 욕망 표상 분석」, 『일본어문학』 47, 2009, pp. 348–349.

11 宮崎駿, 「子供たちに向けて僕は語り賭ける―宮崎駿監督インタビュー」, 『キネマ旬報』, キネマ旬報社, 2001, pp. 29–33.

센의 손길에 의해 그 오물을 다 토한 뒤 치유되어 돌아가는 장면, 유바바의 쌍둥이 자매인 제니바錢婆의 중요한 도장을 삼켰던 하쿠白가 토해 내는 장면 등을 아우르는 이야기겠지만, 영화 전체에서 가장 강렬히 '토해 내는' 이미지를 발산하는 것은 역시 가오나시다.

그런데 중요한 것은, 가오나시가 욕망을 가지게 되는 것은 타인의 욕구를 깨닫는 것으로부터 시작된다는 점이다. 천신만고 끝에 신의 세계에서 일자리를 얻게 된 치히로는 커다란 목욕통을 씻으라는 명령을 받는데, 카운터에 앉아 있는 지배인 개구리가 센에게 약탕 표찰을 주지 않는다. 이 장면을 뒤에서 보고 있던 가오나시는(이때의 가오나시는 투명해서 거의 보이지 않는 존재이다) 몰래 한 장의 표찰을 꺼내어 치히로(=센)에게 준다. 치히로가 욕탕으로 돌아가자 가오나시는 뒤따라가서 더 많은 표찰을 주려고 하지만 치히로는 '하나면 충분하다'고 말하면서 받지 않는다. 센의 활약으로 강의 신이 오물을 다 토해 내고 깨끗해진 몸으로 돌아가자 그 뒤에 수많은 사금이 남는다. 종업원들은 앞을 다투어 그것을 주우려고 하지만 유바바는 모두 내보내면서 큰 벌이를 한 것에 대해 기뻐한다. 이 모든 장면을 한 구석에서 조용히 지켜보던 가오나시는 이번에는 제 손으로부터 금을 내어 종업원들을 유인하며, 결국 종업원 개구리를 먹고 목소리를 얻는다. 목소리를 얻은 가오나시는 "난 배고프다. 전부 가져와라"하고 외치면서 금을 마구 뿌려대기 시작한다. 가오나시는 타인의 목소리를 빌어 자신/타인의 욕망을 말하기 시작하는 것이다. 인간이 무엇을 가지고 싶어 하는지 배우는 것이다. 치히로 주변을 맴돌던 무정형의 욕망이 타자의 힘을 빌리고 형태를 얻어 비대화되어 가는 것이다. 종업원들은 온갖 아양을 다 부리면서 금을 얻고자 한다. 그 시점에 치히로가 나타나는데, 가오나시는 양손 가득 황금을 수북하게 담아 치히로에게 내민다. 그러나 그녀는 다시 "갖고 싶지 않아. 필요 없어"라고 말하고

그 자리를 뜬다.[12]

> 가오나시: 이거 먹을래, 맛있는데. 금을 내어 줄까? 센한테만 주기로 맘먹었어.
> 이리와, 센. 센은 뭐가 갖고 싶지? 말해 봐.
>
> 센:　　　넌 어디서 왔지? 나는 곧 가봐야 할 곳이 있어. 넌 네가 왔던 곳으로
> <u>돌아가는 게 좋아. 넌 내가 가지고 싶은 걸 절대로 줄 수 없어.</u>
>
> 가오나시: 우우…아아….
>
> 센　　　집이 어디지? 아빠랑 엄마가 계시지?
> (가오나시, 슬픈 표정이 된 가오나시는 얼굴-가면을 몸에 움츠려 넣으면서)
>
> 가오나시: 싫어… 싫어…. 쓸쓸해. 쓸쓸해.
> (가오나시, 가면이 보이지 않을 정도로 움츠려 넣는다.)
>
> 센:　　　집을 모르는 거니?
>
> 가오나시: <u>센, 가지고 싶어. 센을 가지고 싶어. 욕심내란 말이야. 가져!</u>
> (가오나시, 황금을 내 놓는다. 센 쳐다보지도 않는다.)
>
> 센:　　　나를 먹고 싶으면 그 전에 이걸 먹어. (센, 강의 신에게서 받은 환약을 가오
> 나시의 입 속에 밀어 넣는다.) 사실은 엄마 아빠에게 드리고 싶었지만, 너에
> 게 줄게.

가오나시는 욕망을 가진 자에게 기생한다.[13] 위의 발췌문에서 밑줄 그은 "센, 가지고 싶어. 센을 가지고 싶어. 욕심내란 말이야. 가져!"라는 대화가 이를 뒷받침한다. 가오나시는 치히로를 욕망한다. 하지만 그것은 치히로가 그를 욕망하지 않을 때에만 유효하다. 가오나시는 유야湯屋의 룰, 즉 금으로 원하는 것을 획득할 수 있다고 믿었지만 치히로는 "넌 내가 원하는 것을 절대로 줄 수 없다"고 단호하게 말한다. 여기서 중요한 것은 치히로가 원하는 것이 무엇이냐가 아니라 치히로가 원하는 것을 가오나시는 줄 수 없다는 점에

12　김석희, 앞의 논문, p. 356.

13　杉田正樹, 「『千と千尋の神隠し』における成長」, 『GYROS 特集: アニメ文化』, 関東学院大学人間
環境研究所, 2005, pp. 6-23.

있다. 가오나시는 유야의 룰(금을 향한 욕망)에 의존하기 때문에 치히로의 욕망을 읽을 수 없는 것이다. 그래서 가오나시는 라캉적 욕망인 동시에 결핍을 보이기도 한다.

〈센과 치히로의 행방불명〉에서 말은 욕망의 시작인 동시에 욕망을 제어하는 장치이다. 가오나시가 개구리를 먹음으로써 목소리, 즉 말을 얻고 그 말과 함께 욕망이 구체화되기 시작했다는 사실은 주목할 만하다. 이름, 언어, 발언이 힘을 발휘하는 것은 듣는 쪽의 마음에 울림을 가질 때이며, 그 순간 그것은 주문呪文 혹은 주박呪縛이 된다. 이것이 바로 샤머니즘이 세계이다. 그러나 주박을 차단하거나 푸는 힘도 말에 있음을 〈센과 치히로의 행방불명〉은 보여 준다. 센이 유야를 떠나 제니바의 늪지로 가면서 가오나시에게 환약을 먹이는데, 그 직후에 먹었던 것을 역순으로 토해 내는 가오나시가 맨 마지막에 토해 낸 것이 개구리였고, 그 이후에 다시 말을 잃었다는 점은 매우 흥미로운 부분이다. 가오나시가 욕망과 말을 동시에 삼켰다가 동시에 토해 낸다는 점에서 욕망은 말과 함께 생겨나고 말과 함께 사라짐을 생각할 수도 있다. 그러나 또 한편으로는 힘들다거나 집에 돌아가고 싶다는 말을 하면 돼지나 닭으로 변해야 한다는 유바바와 센 사이의 계약을 볼 때 말은 인간의 기본적인 욕망을 제어하는 기제일 수밖에 없다.[14]

센은 최소한의 먹을 것과 입을 것 외에는 아무것도 욕심내지 않는다는 점에서 '무욕'의 존재이다. 그 무욕의 힘으로 하쿠와 가오나시를 구하고 돼지가 된 엄마와 아빠를 구해 신의 세계를 살아서 나오는 것이다. 무욕의 존재만이 욕망 속에서 신과 인간을 구할 수 있었던 것이다.

---

14 김석희, 앞의 논문, p. 359.

5. 현재로서의 샤머니즘

샤머니즘은 이제 종교와 신앙의 뒤안길에 있지만 인류가 만들어 낸 최초의 철학이며 발견이었다. 그것은 현대인이 생각하는 무속의 모습과는 다른 것이었을 터이다. 초기의 인류는 우리가 과학이라는 담 너머로 집어던진 바람과 나무와 별과 돌들의 이야기를 감각으로 느낄 줄 알았다. 그러나 인간은 점차 문명을 욕망했고, 그들의 욕망대로 거대한 문명을 일으켰다. 그 과정에서 에보시의 총이 시시가미를 쏘는 것으로 상징되듯, 샤머니즘과 신의 세계는 현실과 분리되거나 파괴되었다. 주술적 권력과 분리되면서 샤머니즘은 신화가 된다. 그리고 신화를 원형으로 하는 많은 설화가 탄생하였다.

신화는 신성과 경건을 포함한 이야기들이었다. 주술적 권력은 현대에 이르면서 자본주의와 결합하기 시작했다. 인간 욕망의 정수라고 할 수 있는 자본주의 속에서 때로는 공포물로, 때로는 애니메이션으로 녹아든 샤머니즘은 아이러니하게도 인간의 욕망을 정면으로 비판한다. 미야자키 하야오의 애니메이션 중에는 앞에서 언급한 작품 이외에도 샤머니즘적 주술성을 담은 것이 많다. 〈이웃집 도토로〉에서는 새싹을 돋게 하는 능력을 가진 숲의 신 도토로가 귀엽고 푸근한 캐릭터로 등장한다. 도토로가 살고 있는 세계는 결국 시시가미의 세계와 같다. 도토로의 거처에 들어갈 수 있도록 선택받은 존재인 꼬맹이 메이メィ가 숲의 정령과 교감하는 샤먼의 역할을 담당하고 있다. 〈천공의 성 라퓨타〉에서는 소녀 시타가 몸에 지닌 비행석이 주술성의 상징이다. 〈우편 배달부 키키魔女の宅急便〉, 〈하울의 움직이는 성ハウルの動く城〉, 〈벼랑 위의 포뇨崖の上のポニョ〉에도 주술적 존재들이 등장하는데, 이들은 대체로 서구의 마녀를 소재로 한다.

〈모노노케히메〉와 〈센과 치히로의 행방불명〉은 매우 직접적인 방식으로 동양적 샤머니즘의 세계를 그리고 있다. 이 중에 〈모노노케히메〉는 샤머니즘이 인간 세계와의 대립구도로 진행되고, 〈센과 치히로의 행방불명〉은 욕망과 무욕의 대립구도로 진행된다. 두 작품 모두 욕망이 초래한 불행을 말하고 있으며, 무욕의 존재를 통해 그 불행을 타개하고자 한다. 샤머니즘은 비록 주술적 권력으로서의 힘을 잃었지만 인간의 무분별한 욕망에 경종을 울리며, '미래'나 '과거'가 아닌 '현재'로서 스크린을 통해 컴백한 것이다.

도미야마 타에코富山妙子 화백의 작품세계 속 '무당' 모티브: 식민지주의에서의 '한풀이'를 위하여[*]

마나베 유코真鍋祐子

1. 페미니즘과 식민지주의

2017년 2월 11일자 『주니치신문中日新聞』 특집 「생각하는 광장: 이 나라의 모습 – 3인의 지식인에게 묻는다」에 실린 저명한 페미니스트 사회학자 우에노 치즈코上野千鶴子의 「평등하게 가난해지자」라는 제목의 제언이 큰 파장을 일으키고 있다. 우에노에 따르면, 앞으로 자연적인 인구 증가를 기대하기 힘든 일본은 이민자를 받아들여 활기찬 사회를 만들 것인지 아니면 난민을 포함한 외국인에게 문호를 닫아 서서히 쇠퇴해 갈 것인지의 기로에 서 있는 상태라고 한다. 하지만 노동시장 개방국으로 한창 방향을 잡아가고 있는 때에 세계적인 배외주의排外主義의 물결에 맞닥뜨렸다는 점과 단일민족 신화의 깊은 뿌리를 감안한다면, 일본은 대량의 이민 수용이 불가능하며, 일본인들 역시 다문화多文化 공생共生을 감당할 수 없을 것이라고 말하고 있다. 이민정책에 대한 우에노의 결론은 "객관적으로는 무리한 일이며, 주관적으로는 안 하는

---

[*] 이 글은 JFE 21세기 재단 아시아 역사 연구 조성에 채택된 프로젝트 '도미야마 타에코의 화가 인생과 작품세계: 탈식민주의postcolonial 관점에서'(2017)를 통한 연구 성과의 일부이다.

편이 낫다"는 것이었다. 이 기사에 가장 먼저 반응한 것은 '이주자와 연대하
는 전국 네트워크(이주련)Solidarity Network with Migrants Japan'의 사회학자들
이었는데, 그들의 공개 질문서[1]와 우에노의 회답[2]을 둘러싸고 한층 더 활발한
비판과 반비판이 오고 갔다.

　그중 페미니즘 연구자인 시미즈 아키코清水晶子는 이민에 관한 논의를 '지
금까지'와 '지금부터'라는 이분법으로 후자를 특화하고, 이민을 젠더와 섹슈
얼리티의 문제로 차별화하여 정치적으로 선택 가능하거나 혹은 불가능한 일
이라는 이원론을 전제로 하는 우에노의 입장을 비판하였다.[3] 시미즈는 우선
재일 조선인 등과 같이 "선택해서 일본에 온 것이 아니거나 혹은 일본에서
태어나고 자란 외국 국적인들이 이미 다수 존재하고 있다"는 사실을 언급하
며, 이와 같은 '지금까지'의 이야기를 도외시하면서 "'지금부터' 나아갈 미래
에 대해 논의했다"고 하는 우에노를 완곡하게 비판했다. 또한 이야기를 '지
금부터'의 미래에 한정한다고 해도 "이민 1세대가 '태어난 나라와 떨어져 생
활한다'는 것은 개인적인 결단임과 동시에 글로벌 경제 격차와 각각의 정치
적·사회적 상황에 의해 촉구되는 것을 의미하며, 이것은 명백히 정치적인 –
정치적 상황에 강하게 영향을 받고 정치적인 효과를 가진 – 결단"이라며 정
치적인 선택 가능성이라고 한 우에노의 이원론을 일축했다. 시미즈는 그러
한 우에노의 주장을 "한 사회의 부적절한 대응으로 인해 '생길지도 모를' 문
제 – 즉 한 사회를 구성하는 메이저리티의 문제 – 해결을 마이너리티의 권

1　上野千鶴子,「平等に貧しくなろう」,「"考える広場" この国のかたち 3人の論者に聞く」,『『中日新
聞』,『東京新聞』, 2017. 2. 11; 移住連,「『『中日新聞』『東京新聞』(2017年2月11日)"考える広場 この国のかた
ち 3人の論者に聞く"における上野千鶴子氏の発言にかんする公開質問状」, http://migrants.jp/archives/
news/170213openletter(2017년 2월 13일 검색).
2　上野千鶴子,「人口減少か大量移民か? ちづこのブログ No.113」, https://wan.or.jo/article/
show/7070(2017년 2월 16일 검색).
3　清水晶子,「共生の責任は誰にあるのか──上野千鶴子さんの『回答』に寄せて」, https://wan.or.jp/
article/show/7074(2017년 2월 19일 검색).

리 제한으로 도모하려는 것"이라고 지적했다. 그리고 일본의 페미니즘 운동을 이끌어 온 우에노에 대해 이것은 "페미니즘의 근본과 모순되는 태도가 아니냐"며 물었다. 여성들이 직면한 문제를 '여성의 문제'가 아닌 가부장제도에 의해 만들어진 남성 사회의 문제로 인식하고 '남성 사회 속 마이너리티로서의 여성'의 들을 수 없는 목소리를 들으려 하는 것이 페미니스트라고 한다면, 자신이 '일본 사회의 메이저리티로서 일본 국적 보유자'로 위치가 바뀌었을 때야말로 그 '관점'과 '상상력'을 버려서는 안 된다고 시미즈는 말했다.

화가 도미야마 타에코富山妙子의 작품론을 다루는 글 첫머리에 이러한 우에노의 이민정책론을 둘러싼 논쟁의 일부를 소개하는 것이 다소 기이하게 비칠지도 모른다. 하지만 우에노 비판의 형태를 취한 시미즈의 주장은 페미니즘과 식민지주의의 불가분성이라는 점에서 일관되고 있다. 앞으로 일본 사회의 식민지주의는, 문자 그대로 대일본제국의 식민지 지배로 인해 생겨난 이민, 즉 "선택해서 일본에 오게 된 것이 아니거나 또는 일본에서 태어나고 자란 외국 국적자"뿐만 아니라 전후 이래 '특수特需 이야기'에 얽매인 일본인 메이저리티의 보이지 않는 식민지주의 의식[4]하에, 80년대부터 특히 현저해진 '글로벌 경제 격차와 각각의 정치적·사회적 상황의 촉구'로 생긴 경제 이민까지 포함해서 이해할 필요가 있을 것이다. 사실 이러한 전망은 도미야마가 지금으로부터 25년도 넘은 1991년의 시점에 이미 갈파했던 것이다.

"일본의 아시아에서의 식민지 지배에 관한 담론은 페미니스트의 관점이 자주 누락되어 왔으며, 일본의 페미니즘은 민족적, 식민지적 억압을 충분히 고려하지 않았다."[5]

---

4 모토하시 테츠야本橋哲也는 '특수 이야기'의 그늘에, 번영으로부터 남겨진 적잖은 사람들의 존재를 인정하였다. 또한 전후 일본이 그러한 식민지 지배에 의한 부정적인 부분을 함구함으로써 탈식민지화의 노력을 연기해 왔다며 '일본의 탈식민의 〈책임〉'이란 그러한 '특수 이야기'로부터 자기와 타자를 해방하는 것이라고 지적한다. 本橋哲也, 『ポストコロニアリズム』, 岩波新書, 2005, pp. 217-219.
5 Rebecca Jennison, "'Postcolonial' Feminist Locations: The Art of Tomiyama Taeko and Shimada Yoshiko," U.S.-Japan Women's Journal, No. 12, 1997, p. 86 참조.

앞부분의 지적 - "일본의 아시아에서의 식민지 지배에 관한 담론은 페미니스트의 관점이 자주 누락되어 왔다" - 은 전후 남성 화가들이 그린 「군대애가軍隊哀歌」를 통한 전쟁 체험[6]이나 후루사와 이와미古沢岩美의 유화 「아리랑 고개의 연인」에 표현된 것과 같은 조선인 '위안부'의 이미지를 염두에 두고 있는 것일 것이다. 이케다 시노부池田忍에 따르면, 후루사와의 작품에서 "여자는 성적인 유혹자로서 존재하며, 심지어 자신을 유린한 남자의 죽음에도 눈물을 흘린다." 그것은 "전장에서의 남녀관계를 진부한 성적 판타지로 전환함으로써 군인들이 여자들에게 저지른 일들을 영원히 덮어버리는 것"임을 의미한다.[7] 앞서 이야기한 시미즈의 주장으로 다시 돌아가면, 그것은 '남성 사회 속 마이너리티로서의 여성'의 들리지 않는 목소리와 다름없다. 하지만 그림의 테마가 조선인 '위안부'인 경우라면 문제는 '남성 사회 속 마이너리티로서의 여성'에만 국한되지 않는다.

뒷부분의 지적 - "일본의 페미니즘은 민족적, 식민지적 억압을 충분히 고려하지 않았다" - 은 시미즈의 주장과도 공통되는 것일 것이다. 1981년부터 3년에 걸쳐 치쿠호 탄광筑豊炭坑의 조선인 강제 연행을 테마로 한 영화 「터트려라 봉선화: 나의 치쿠호 나의 조선」(츠치모토 노리아키土本典昭 감독, 겐토사幻燈社 제작)을 제작하는 과정에서 도미야마는 죽은 자의 깊은 고독과 슬픔의 목소리를 듣기 위해 그 한恨의 매개자로서 무당 모티브를 처음으로 작품에 도입하려 했다. 또한 영화 상영을 위해 각지를 돌아다니는 동안 가는 곳마다 만나는 조선인 관객의 신세타령을 통하여 어렴풋이나마 조선인 '위안부'의 존재를 알게 된다. 정확히 그 무렵, 그리스 신화 해석학을 통해 페미

---

6 富山妙子・真鍋祐子, 「なぜ光州を語り, 描き続けるのか―光州事件30周年の年に」, 『月刊百科』, 2010. 12, pp. 7-8.

7 池田忍, 「女性美術家と戦争の記憶・造形―富山妙子の/へのアプローチ(序)」, 『千葉大学人文社会科学研究科プロジェクト報告書―表象/帝国/ジェンダー: 聖戦から冷戦へ』175, 2008, p. 12.

니즘의 시각도 갖게 되었던 도미야마는 「터트려라 봉선화」에서 사용한 무당 모티브를 한 축으로 하여 86년에는 조선인 '위안부'를 주제로 한 슬라이드 「바다의 기억: 조선인 종군위안부에게 바치는 꽃」을 완성시킨다.[8] 레베카 제니슨Rebecca Jennison에 따르면, 그 시절 "페미니스트와 국제사면위원회, 그 밖의 인권운동가들 중에서 그 작품을 본 사람들은 '공식적인' 역사에 대한 작가의 명확한 도전은 이해했지만, 작가의 개인적 환상으로 치부해 버린 사람들도 있었다"[9]고 한다. 하지만 '개인적인 환상'이라고 일축된 무당 모티브야말로 여성이라는 마이너리티이며, 또한 민족적·식민지적 억압에 갇혀 버린 조선인 '위안부'들의 '들을 수 없었던 목소리'를 구원해 주기 위한 '관점'과 '상상력'이었다.

우에노 치즈코는 90년대 이후부터 줄곧 '위안부' 문제와 관련한 유력 논객 중 한 명이었다. 최근에는 박유하朴裕河의 『화해를 위해서』를 높게 평가하였는데, 『제국의 위안부』 간행을 둘러싼 사건으로 박유하가 불구속 기소되었을 때에는, 일본의 지식인 54명에 의한 「박유하 씨 기소에 대한 항의 성명」(2015. 11. 26.)에 참가하기도 했다. 거기에는 우에노 이외의 유명 페미니스트들이 이름을 올렸다. 이러한 일본의 페미니스트에 의해 형성되는 '위안부' 문제 담론을 검증한 이행리李杏理는 그곳에서 '상대주의의 폭력'을 발견하고, 그 요인의 하나로 '위안부' 문제가 '민족과 젠더 모두와 관련된 문제'임에도 불구하고 '민족'의 문제를 잘라 버리고 "'상대가 왜 그렇게 말하는지'에 대해서는 생각하지 않는 것"을 지적했다.[10] 페미니스트를 포함한 일본의 지식인들 사이에서 소위 '박유하 현상'을 비판한 책 가운데 오럴·히스토리를 연구

8　富山妙子, 『アジアを抱く―画家人生記憶と夢』, 岩波書店, 2009, pp. 207–210.

9　Rebecca Jennison, 앞의 논문, p. 90.

10　李杏理, 「日本フェミニストによる相対主義の暴力」, http://readingcw.blogspot.jp/2015/12/blog-spot.html(2015년 12월 14일 검색).

하는 사회학자 이나영李娜榮은 "우리 주장의 핵심은, 단순히 학문과 표현의 자유라는 관점에서만 '제국의 위안부' 사태에 접근하는 태도를 우려하는 것이며, 일본군 '위안부' 문제의 핵심을 직시하지 않으면 안 된다는 것"이라고 말하고 있다.[11] "일본군 '위안부' 문제에서 직시해야 할 핵심"이란 민족적·식민지적 억압에 입각한 '민족'의 역사적·사회적 맥락의 문제, 즉 '상대가 왜 그렇게 말하는지' 그 '의미'를 헤아리면서 질문을 계속하는 것을 뜻할 것이다. 도미야마는 화가로서 할 수 있는 일로써 무당을 사용하여 그 '의미'를 이어 준 것이다.

"가해자인 일본인이 피해자를 주체적으로 그릴 수는 없습니다. 그래서 제 그림에 샤먼을 넣자고 생각한 겁니다. 제가 샤먼이 되어, 치쿠호 탄광에서 일하게 된 조선인 광부의 사자들을 불러낸다, 이런 설정으로 그림을 그리고 영화로 만들었습니다."[12]

이 방법은 조선인 '위안부'를 그린 「바다의 기억」으로 계승된다. 80년대에 발표된 이 작품군과 91년에 표명된 페미니즘과 식민지주의에 관련된 도미야마의 문제의식 속에서 현재 논란이 되고 있는 바로 그 주제와 논점이 이미 다루어지고 있었다는 것은 놀라운 일이다.

그렇다면, 이러한 화가의 지성과 감수성은 어떻게 획득된 것일까. 다음 장에서는 샤머니즘과 글로벌화의 관점에서 화가 도미야마의 인생과 작품세계를 살펴보겠다.

---

11 李娜榮, 「『帝国の慰安婦』事態に対する立場声明の経緯と今後の方向─歴史的不正義に対抗するトランスナショナルな連帯に向けて」, 前田朗編, 『'慰安婦'問題の現在─「朴裕河現象」と知識人』, 三一書房, 2016, p. 134.
12 富山妙子·真鍋祐子, 앞의 글, p. 9.

2. 샤머니즘과 '메모리·스케이프(기억의 풍경)': 홍성담洪成潭과의 비교를 통해

도미야마 타에코는 1921년 고베에서 태어났다. 12세에는 영국 기업 던롭·고무에 근무하던 아버지의 전근으로 만주로 건너가, 대련과 하얼빈에서 소녀 시절을 보냈다. 38년에 여학교를 졸업한 후 대련에서 고베를 경유하여 도쿄의 여자미술학교(현 여자미술대학)에 입학한다. 40년대 초, 아버지의 초청으로 전시하의 도쿄에서 하얼빈으로 향하게 된 미대생 도미야마는, 시모노세키에서 부산으로 건너가 한반도 종단의 직행열차를 타게 된다. 그 도중에 목격하게 된 조선과 만주의 황폐한 광경은 "이후 한국전쟁을 거쳐 미국의 지원을 받는 군사정권에 이르기까지 긴 세월 간 그녀를 괴롭히는 하나의 이미지"가 된다.[13] 이렇게 도미야마의 전쟁인식이 바뀌기 시작하여 "일본인의 입장에서만 전쟁을 말하는 것에 대해 격하게 저항하게" 된다.[14] 한편 미술학도로서는, 이미 화단에서 제도화된 '서양'식과 '일본'식의 틀에서 양자택일을 강요받아 서양 미술을 선택하기는 했지만 "뭔가 딱 맞는 느낌이 없어 불편함을 느끼고 있었다"고 한다.[15]

도미야마는 필자와의 대담에서 만주, 특히 하얼빈에서 보낸 소녀 시절이 전후 그녀의 전쟁인식을 결정하는 데 가장 큰 역할을 했다고 밝힌다.

"상상하고 있던 찬란한 청나라 문화와 쿨리가 사는 가난한 만주와의 격차, 지배/피지배라는 일본과 만주의 관계, 화가가 되지 못하는 것은 아닌가 하는 불안에 떨어야 했던 중일전쟁의 시대, 그것들이 나의 원점입니다. 부조리와 슬픔, 뭔가 하지 않으

---

13 Rebecca Jennison, 앞의 논문, p. 87.

14 富山妙子, 앞의 책, p. 77.

15 위의 책, p. 36.

면 안 될 것 같은 충동과 어떻게 하면 좋을까 하는 물음, 저는 어릴 때부터 그러한, 말하자면 일본과 아시아 근대화 역사의 한복판에서 살아온 것입니다."[16]

지배/피지배라는 "일본과 아시아 근대화 역사의 한복판"에서 도미야마가 번민해 온 "부조리와 슬픔, 뭔가 하지 않으면 안 될 것 같은 충동"은 50년대에 '르포르타주 회화'로 광산과 탄광을 그리기 시작하면서 표현된다. 그리고 그것을 기점으로 60년대에 들어서는, 잇따른 사고와 에너지 정책의 전환에 따른 폐광으로 실직한 광부들의 이민국이었던 브라질과 중남미 국가를 여행하고, 나아가 아프리카와 중동 국가들, 그리고 인도를 거쳐 70년대 박정희 정권하의 한국에 봉착하게 되면서 점차 결실을 맺기 시작한다. 미국 패권주의 아래에 놓인 중남미 국가 중에서 특히 멕시코의 벽화와 쿠바의 판화를 이용한 저항문화운동을 목격한 도미야마는, 그 후 제3세계 저항운동의 서술적 미술narrative art 기법을 자신의 표현 양식으로 도입하게 된다.

70년 6월, 김지하가 체포되어 수감 중이라는 뉴스를 접한 도미야마는 한국으로 건너온다. 그 후 북한 간첩 혐의를 받고 서대문형무소에 복역 중이던 재일 한국인 유학생 서승徐勝을 찾아가 검사와 교섭을 하기도 하였다. 세 차례에 걸친 한국 방문을 통해서 김지하의 시를 테마로 한 석판화 「심야: 김지하·도미야마 타에코 시화집深夜─金芝河·富山妙子詩画集」(1975)과 슬라이드 「묶여버린 손의 기도しばられた手の祈り」(1976), 「비어蜚語」(1979)를 발표하지만, 그 때문에 1978년 이후부터는 한국으로부터 입국 금지를 당하게 된다. 동서 냉전이 초래한 분단 상황 속에서 '정치범'이 된 김지하와 서승과의 만남은, 관부 연락선을 타고 가다 부산에서 내렸을 때 함께 있던 몇 명의 조선 청년들이 특별 고등 경찰에게 연행되었던 전시하의 모습을 방불케 하였으며, 다시

16　富山妙子·真鍋祐子, 앞의 글, p. 4.

금 일본 관헌의 고문에 의해 옥사한 이육
사와 윤동주와 같은 시인들을 상기시켰
다. 그것은 일본의 식민지 지배가 조선인
에게 입힌 깊은 상처를 가늠케 하는 실마
리가 된다. 동시에 작품의 검열로 인한 입
국 금지라는 정치적 박해의 경험은 도미
야마 안에 있던 '저항문화' 창작에 대한
욕구를 한층 더 불러일으켜, 결국 슬라이
드라는 방법의 독자적인 표현 형식으로
승화되었다.[17] 광주항쟁이 일어나자 뉴스
영상을 바탕으로 80년 6월 초부터 광주

그림 1 광주의 피에타

의 그림을 그리기 시작하여 한 달여 만에 「쓰러진 이들을 위한 기도: 1980년 5
월 광주」(1980)를 완성시켜 슬라이드로 만들어 국내외에 보냈다.

1970년에 처음으로 한국 땅을 밟은 이래 김지하, 서승과의 만남을 비롯하
여 하얼빈 시대의 옛 친구들과 재회한 도미야마는 마치 "그림 속에 들어간"
듯한 기분이 들었다고 말한다.

"모두 매일 밤 울면서 한 명 한 명이 식민지 시대와 전쟁, 분단의 슬픔을 저에게
말해 주었습니다."[18]

"여학교 졸업 때, 사은회에서 조선인들이 〈아리랑〉을 불렀다. 김 씨의 집 온돌방에
서 다시 그 노래를 부른다. 그것은 사랑하는 사람이 돌아오지 않는 노래… 이민족의
지배와, 전쟁으로 찢겨 버린 인생, 유교 도덕의 낡은 정조관에 묶여 버린 그녀들이 남
편을 기다리며 독수공방하는, 늦가을 들판처럼 적막하고 쓸쓸한 여자의 일생이었다.

---

17 Rebecca Jennison, 앞의 논문, p. 88.

18 富山妙子·真鍋祐子, 앞의 글, p. 6.

(…) 우리는 국경을 넘어, 서로의 손을 움켜쥐고, 울고 있는 친구의 등을 어루만져 주었다."[19]

그것은 도미야마에게 '정체성을 조선인으로 옮기게 된' 체험이 되었다. 이때를 기점으로 "한일관계가 타인의 일이 아닌 나 자신의 테마가 되었습니다"라고 필자와의 대담에서 이야기하였다.

그리고 50년대에 그려 온 탄광이 '중매결혼'이었다면, 80년대에 다시금 치쿠호를 무대로 조선인 광부를 그리게 된 것은 "자신의 존재를 담을 수 있는 이야기"라는 의미에서 '연애결혼'이기 때문이라고 표현했다. 키쿠치 아키라菊地亮에 따르면, 여기에 이르기까지의 도미야마의 궤적은 '세계사를 육체화하는 과정'이며, '대일본제국의 자녀로 태어나 그 식민지에서 자란' 화가가 '새로운 주체'를 획득하기까지의 과정이다.[20] 이러한 전환에 대해 도미야마는 한 발 더 나아간 표현으로 "역시 아트란 골육지간이 아니면 표현할 수 없는 것이 아닐까 생각한다"고 언급했다.[21]

그러나 도미야마가 "자신의 존재를 담을 수 있는 이야기"로, 독자적인 전쟁인식과 사회의식을 담아 그린 한국 그림들은 서양 미술 화단에서는 받아들여지지 않았다.

"서양 중심의 미술세계에서 현대 아시아는 미술의 대상이 아니었다. 구식민지의 건드리고 싶지 않은 과거, 잊고 싶은 전쟁의 기억을 일깨우려 하는 나의 그림은 발표할 수 있는 자리가 거의 없었다."[22]

---

19 富山妙子, 앞의 책, p. 151.

20 菊地亮, 「『帝国』を追いかけて―富山妙子の仕事」, 『VOL』 1, 以文社, 2006, pp. 200-201.

21 富山妙子·真鍋祐子, 앞의 글, p. 5.

22 富山妙子, 「遠い風景から射す影に」, *Silenced by History: Tomiyama Taeko's Work*, 現代企画室, 1995, pp. 59-60.

70년대 중반 도미야마는 일본 아시아·아프리카·라틴아메리카 미술가회의, 자유미술가협회(현 자유미술협회) 등의 그룹에서 탈퇴하며 미술계를 떠났다. 그 이후부터 음악, 문학, 사진, 영화, 연극 등 다른 분야의 지식인들과의 친분을 통해 만든 콜라보레이션 작품을 슬라이드나 영화로 매체화하여 국내외에 그 문제의식을 드러냈다. 무당을 모티브로 한 「터트려라 봉선화」나 「바다의 기억」은 그러한 협업으로 만들어진 것이다.

   도미야마는 20세기 예술에 관련된 논평과 에세이를 다수 저술하였는데, 그 속엔 반드시 자전적인 해설이 들어 있다. 이 점에 대해 제니슨은 "자신의 위치를 다시 한번 자리매김하려는 시도", "역사를 그녀 자신이 고쳐 읽는 것"으로 보면서 "다른 관점의 비전, 식민지주의의 역사적 지식과 표상의 재생산에 저항하는 시점을 확립하기 위해 수직적인 '서열의 계단'을 제거하는 일"이라고 지적하였다.[23] 쓰루미 슌스케鶴見俊輔는 과거 대일본 제국에 의한 식민지주의의 문제를 제기하기 위해 강제 연행된 조선인의 모습에 주목하고, '대척지점'이라는 지리학의 개념을 원용하여 "내가 서 있는 곳과 정반대에 서 있는 사람도 있을 것이기에 그 사람의 체험과 함께 나의, 지금의 체험을 보는 힘"이 필요하다고 주장했다.[24] 이케다 시노부池田忍는 도미야마 자신의 역사와 관계된 '장소' 문제에 초점을 맞추어 "대위법적(방점은 필자)으로 복수複數의 '타자' 시점을 도입하여 다시금 탄광을 그리게 된 것"이라고 간파하였는데,[25] 여기에서 도미야마가 취하는 '대위법'이란 쓰루미가 말하는 '대척지점'에 서는 것을 의미하며, 자신과 함께 '타자'의 체험을 표현하려는 시도를 말한다.

---

23 Rebecca Jennison, 앞의 논문, p. 86.

24 竹内好·鶴見俊輔, 「本当の被害者は誰なのか」, 『潮』 142, 1971, p. 92(杉浦清文, 「引揚者たちのわりきれない歴史—植民地主義の複雑さに向きあう」, 西川長夫·大野光男·番匠健一編著, 『戦後史再考—「歴史の裂け目」をとらえる』, 平凡社, 2014, p. 95 참조).

25 池田忍, 「富山妙子と戦後『美術』と『日本』の境界—ルポルタージュから『歴史』へ」, 『JunCture 超域的日本文化研究』 1, 2010, p. 97.

스스로 역사적 가해성에 입각한 도미야마는, 피해자를 주체적으로 그릴 수 없었던 대신, 그녀 자신의 '메모리·스케이프'를 거쳐 '대척지점'의 이쪽과 저쪽을 왕래하며, 저쪽에서 "나와 반대에 서 있는", 다양한 '타자'의 기억과 관련된 이미지를 조형하였다. 그것은 무당, 장승, 가면극 등의 모티브에 담긴 토지의 기억과 그 '과거를 거슬러 축적된 이미지'를 중층적으로 콜라주하는 초현실주의 기법에 의해 표현된다. 이때 시대와 장소를 초월하여 치열하게 싸워 온 '메모리·스케이프' 안에서 과거의 이異공간으로부터 '타자'의 목소리를 끄집어내는 매개자가 바로 무당이다. 이렇게 80년대 이후의 창작활동을 통해 과거로의 소급과 무당을 통한 '타자'와의 해후가 연쇄적으로 일어나게 된다. "거기에 동시대의 역사 상황과 호응하여 사람들의 사회 변혁을 향한 희망을 연결하여 실현한 것"[26]은, 아티스트 도미야마 타에코와 그 작품세계의 특징이라 할 수 있다.

그런데 70년대 이후 조선인으로 정체성을 전환한 도미야마가 식민지주의의 희생자로 조선인 광부와 위안부를 그린 「터트려라 봉선화」와 「바다의 기억」을 발표한 80년대 중반, 한국에서는 광주항쟁 이후의 민주화운동 장면에서 샤머니즘을 주요한 표현 수단 중의 하나로 사용하는 홍성담의 작품이 각광을 받았다. 광주의 패배로부터 "사회적 목적의식에 대한 예술의 방향을 확실히 갖게 된" 홍성담은 도미야마와 마찬가지로 '서양'식의 유화 형식이 현실과 동떨어져 있음을 자각하고, "'전통적 형식'과 민중의 삶, 예술의 '흥'에 관심을 쏟게" 되었다. 그래서 조선시대 후기의 민화와 불교화, 풍속화 등의 전통적 형식에 착안하는 한편, "강탈적인 봉건 영주와 외세에 저항하는 민중들의 투쟁사"에도 관심을 기울이게 되었으며, "미술 이외에도 시대 변혁 정서가 녹아 있는 설화, 민담, 무속, 풍물 등 민중적 저항과 흥에도 관심을 두

---

26 위의 글, p. 96.

고 착실하게 공부하게 되었다"고 한다. 그렇게 해서 연작 판화 「오월」(1981-1987)에 "민중 저항의 몸짓을 무속적 아이콘으로 표현"한 이후부터 그의 작품에는 상당히 많은 무속과 무당의 모티브가 등장하게 된다.[27]

도미야마 타에코와 홍성담은 모두 역사 속에서 자신의 위치를 자리매김함으로써 "사회적 목적의식에 대한 예술의 방향"을 지향하고, '서양'식의 유화 형식으로는 표현할 수 없는 민중의 삶과 정서를, 토지의 기억에 새겨진 전통적, 토착적인 형식에 따라 표현하려고 한다. 두 사람이 적극적으로 도입시키는 것이 무당의 모티브이다. 이러한 공통점 외에도, 동시에 광주를 그린 두 화가는 「생명의 울림: 예술의 축제」(1998. 11. 25.-12. 12.)라는 제목의 2인전을 가와사키에서 개최했다. 아트 디렉터인 키타가와 후라무北川フラム는 이를 "냉전 속에서 공동체가 붕괴되어 버린 극동 반도와 섬나라가 처음으로 역사의 검증을 통해 새로운 공통점과 차이점을 보면서 미술을 통해 새로운 인간 사회를 함께 구축해 나가려는 시도"라고 평가하며, "아시아의 새로운 공공미술public art의 시작이 여기에서 보이는 것 같다"고 말했다.[28] 이 견해는 거시적으로는 그다지 큰 차이가 없지만, 도미야마가 반복적으로 자전적인 이야기를 함으로써 역사를 재해석하고 작품을 통해 그것을 문맥화한 것처럼, 화가가 스스로 지향하는 '공공미술'에 담은 각각의 '의미'라 할 수 있는 미시적인 문제가 간과되고 있는 것 같다. 한국 민중미술 분야에서 홍성담과 나란히 도미야마를 거론하는 경우에도 비슷한 경향을 엿볼 수 있다. 한편 도미야마를 테마로 하는 일본어나 영어로 된 미술사와 사상사 연구에서는 반대로 홍성담의 존재가 간과되고 있다. 모두 도미야마 타에코 또는 홍성담이라는 아

---

27 Teo-ho Lee, "The Kwangju Uprising at Chisel-point: A treatise on Hong Sung-dam's Woodcuts in the 1980's," *Tomiyama Taeko and Hong Sung-Dam, From the Asians*, Acting Committee of 'Synergy of Soul' 5 · 18 Foundation, 1998, pp. 72-83.

28 위의 글. pp. 5-6.

티스트를 연구하는 데 필요한 비교 관점이 부족했던 것은 아닐까. 이 글에서는 지면 관계상 홍성담에 대해 상세히 언급할 수는 없지만, 도미야마가 말한 '골육지간'이라는 관점에서 다음의 에피소드만큼은 언급해 두고자 한다.

한 인터뷰에서 '누구도 경험할 수 없는 자신만의 독특한 예술적 체험'에 대해 질문을 받은 홍성담은, 목포 앞바다에 있는 고향 하의도荷衣島에서 보낸 유년기부터 소년기까지의 기억에 대해 다음과 같이 이야기한 바 있다.[29]

기근으로 먹을 것이 없었던 어느 초여름, 이웃집에 사는 7살 연상의 은미 누나와 동생 생호를 포함한 몇 명이 마을에서 산 하나를 넘은 곳에 있는 '미역 양식장'에 숨어들었다. 그곳은 섬에서 가장 해초가 풍부한 해변 중 하나로, 욕심 많은 부자 오표 영감이 소유한 곳이었다. 바다에 들어가 미역을 채취하고 있는데, 오표 영감이 등불을 들고 다가오는 기척이 느껴져 다 함께 육지로 올라와 몸을 숨겼는데, 은미 누나가 없어진 것을 알아차렸다. 생호와 둘이서 바위에서 바다 쪽을 내려다보니 바위 사이에 새까만 미역과 텅 빈 바구니가 떠 있었고, 그 너머로 날카로운 비명소리와 함께 머리를 산발한 사람의 모습이 보였다. 그것은 파도에 잠겼다 떠오르고, 떠올랐다 잠기기를 반복하다가 결국 칠흑 같은 바다에 휩쓸려 갔다. 은미 누나가 빠져 죽는 것을 그저 숨죽이고 바라볼 수밖에 없었다.

며칠 후, 무당을 불러 시체가 떠오르지 않은 은미 누나의 영혼을 불러들여 땅에 묻어 주기 위해 씻김굿을 했다. 그때, 무당이 시켜서 생호와 함께 누나의 영혼이 향할 꽃밭을 한지로 준비하고 누나의 영혼이 깃들 지푸라기 인형을 만들고 있는데, 그걸 본 취객이 "눈도 코도 입도 없는 사람 시체가 대체 어디 있냐!"고 했다. 무당의 재촉으로, 그는 붓끝을 인형 머리에 대고 가는 선을 그렸다. 언제나 빗으로 잘 정돈된 은미 누나의 목덜미, 따뜻한 눈동자

29 홍성담, 「이제 예술운동은 사람 중심. 창작 중심이 되어야 한다」, 『노둣돌』, 1993. 봄, pp. 350–355.

를 그려 넣자 주위의 구경꾼들도 마른 침을 삼키는 모습이었다. 완성된 지푸라기 인형을 일으켜 세워 바라보는 순간, 그의 안에 전율과 같은 이상한 기분이 가득했다.

> "지푸라기로 만든 몸통, 하얀 한지로 만든 얼굴, 가는 선으로 그려진 눈, 코, 입. 등불의 불꽃이 흔들릴 때마다 지푸라기 인형의 얼굴이 붉게 물들어 마치 되살아난 것 같았습니다. 사람들도 이상한 느낌이 들었는지 꼼짝도 하지 않은 채 앉아 있었습니다."

무당은 마치 진짜 시체를 감싸듯이 그 지푸라기 인형을 살며시 끌어안고서는 "내가 혼령굿을 많이 해왔지만 오늘처럼 이렇게 잘생긴 혼령신은 처음 봤어. 오늘 이 집 굿은 매우 잘 될 거야"라고 말했다. 그것은 그가 그린 그림에 대한 첫 칭찬이었다.

홍성담은 지금도 입체미술, 즉 조소 작품을 접할 때 마치 살아 있는 물체를 보는 것 같아 자신도 모르게 흠칫 놀라는 버릇이 있다고 한다. 은미 누나의 영혼이 깃든 지푸라기 인형의 기억이 그렇게 만드는 것이며, 그것은 기근으로 굶주려 해초를 따러 갔던 그날 밤의 기억으로 이어진다. 그리고 영혼을 부르는 무당의 애조 띤 노래 소리와 엄숙하면서도 슬픈 씻김굿의 다양한 의식, 그곳에 내재된 종교적인 감각 등이 훗날 자신의 깊은 곳에 흐르는 종교성의 기반을 구축시킨 경험이 되었다고 말한다.

> "은미 누나의 영혼을 담은 지푸라기 인형에 얽힌 기억은, 저에게 살아서 약동하는 창작의 첫 경험이며, 이것은 세월이 지날수록 의미심장한 형태로 제 가슴 한켠을 차지해 왔습니다."

홍성담의 작품세계를 관통하는 '메모리·스케이프'에 관해서는 위의 일화 만으로 이해하기에 충분할 것이다.

식민지적 억압은 대일본 제국으로부터 해방된 이후에도 분단의 형태로 잔존했다. 지배/피지배관계가 나라 구석구석에까지 구조화되어 그 주박은 멀리 떨어진 가난한 섬에도, 부자인 오표 영감과 굶주린 마을사람들의 관계에도 투영되어 있었다. 은미 누나의 죽음은 그러한 역사적 구조에서 피억압자=민중의 말단에 해당하는 지극히 사회적인 죽음이다. 굶주림에 지쳐 부자의 '미역 양식장'에서 먹다 남은 떡고물이라도 훔쳐 먹으려다가 맞이한 비참하고 고독한 죽음이었다. 그의 기억 속에서 무당은 이렇게 구천을 떠도는 죽은 이들의 영혼을 껴안아 무사히 저세상으로 보내 주는 자로 각인되어 있다. 이것이 바로 홍성담의 예술에 뿌리내린 '골육지간'이다. 식민지적 억압에 놓인 역사와 그 말단의 한쪽 구석에서 암울하게 죽어간 자들의 한을 다루는 무당 모티브는, 이미 그의 육체와 영혼에 담겨 있었던 것이라고 할 수 있다. 그 점이 도미야마와의 큰 차이점이다. 도미야마는 사전에 읽어 둔 많은 민속자료를 통해 '작은 인형의 하얀 종이 조각'으로서의 무당을 발견하고, 이를 자신의 그림 속에 도입했다.[30] 이처럼 두 사람은 서로 공명하는 역사의식을 갖고 있으며 공통적으로 무당을 모티브로 하고 있지만, 조형의 원점에는 큰 차이가 있는 것이다.

도미야마는 70년대 한국에서 '그림 속에 들어간' 기분이 들었다고 말했다. 도미야마의 '메모리·스케이프'는 역사인식의 전환을 통해 재구성된 것이기에 그 과정에서 처음으로 '골육지간'을 발견하게 된 것이다. 하지만 땅에 뿌리박히지 않은 식민자의 자식에게는 그것이 관념적인 가상현실인 이상, 그녀는 스스로 샤먼이 되어 '대척지점'의 저편을 향하여 끊임없이 "자신이 서 있는 곳과 반대편에 서 있는 사람"의 들을 수 없는 목소리에 귀를 기울이고, 계

---

30 富山妙子, 앞의 책, 2009, p. 203.

속 매개하지 않으면 안 된다. "무당은 민족이나 국가와는 다른 존재로 설정한 것입니다"[31]라는 도미야마의 증언은 민족이나 국가를 초월한 무당의 이미지가 화가 자신의 분신임을 말해 준다. 한편 홍성담은 이미 '그림 속에 존재'한다. 화가와 샤머니즘의 관계에서 도미야마 타에코를 'do'라고 한다면, 홍성담은 'be'인 것이다.

3. 돌아오지 않는 소녀들: 「바다의 기억」에서 「돌아오지 않는 이민의 소녀에게」로

도미야마는 영화 「터트려라 봉선화」와 「바다의 기억」에서 무당 모티브를 도입했다. 먼저 이케다 시노부의 해설[32]에 근거하여 「터트려라 봉선화」를, 그 다음으로는 제니슨의 요약[33]에 따라 「바다의 기억」 줄거리를 소개하고자 한다.

　「터트려라 봉선화」는, 탄광과 조선인 강제 연행이라는 무겁고 어두운 주제를 계속해서 좇는 이유에 대해 묻는 츠치모토 노리아키 감독에게 도미야마가 "식민지인 만주에서 자랐기 때문에 일본인에게 강한 증오를 느낀다"고 대답하는 장면으로 시작된다. 치쿠호 탄전지대의 사찰 영명부에 '모선인'으로 기재된 신원불명의 이름 없는 사망자와 경내 한 구석에서 먼지투성이 비닐봉지에 담긴 연고 없는 유골을 접하게 된 도미야마는, 탄광의 지하에 묻혀 있는 조선인 광부들의 깊은 고독과 슬픔을 떠올리게 되고, 무당의 힘을 빌

31　Tsukasa Senni and Taeko Tomiyama, "The World of Tomiyama Taeko's Art," *Tomiyama Taeko and Hong Sung-Dam, From the Asians*, Acting Committee of 'Synergy of Soul' 5 · 18 Foundation, 1998, p. 67.

32　池田忍, 앞의 글, 2010, pp. 92–93.

33　Rebecca Jennison, 앞의 논문, pp. 89–90.

그림 2 치쿠로筑豊의 언더그라운드

려 식민지 지배의 폭정 아래 짓밟힌 사망자들의 유골을 주워 기도를 올리며 기억을 전하기로 결심한다. 그런 무당의 이미지를 온 가遠賀강 유역의 탄광지대에 남아 있는 고구려 양식의 왕묘 고분에서 보았던 붉은색 장식 고분과 대치시켜 「이 세상의 지옥」으로 그려 내려 했으나, 보수공사 때문에 고분 촬영은 포기하게 되었다. 그 때문에 급히 유화로 「극락도」=「하늘을 휘달리는 자 마왕퇴에서」를 그리게 되었다고 한다.[34]

이케다에 따르면 「터트려라 봉선화」에는 구성상 핵심이 되는 유화 다섯 점이 있다고 한다. 그것은 ① 「땅 깊은 데서의 한」, ② 「하늘을 휘달리는 자-『마왕퇴』에서」, ③ 「봉선화 밤의 어둠에」, ④ 「벽 안의 원한 후쿠오카 형무소에서 옥사한 윤동주에게 바치다」, ⑤ 「유라시아의 성좌에」로, 각각 다른 이미지가 다른 색조로 표현된다. 이케다는 「유라시아의 성좌에」를 그릴 때 윤동주의 「서시」를 떠올렸다는 도미야마의 말을 빌려 다음과 같이 해석한다.

"검정(지하) → 빨강(이계) → 초록(지상) → 회색(감옥) → 파랑(하늘)로 전개하는 일련의 이미지는 현실의 가장 참혹한 장소로부터 현실을 넘은 사자의 세계와 순환한다. 시공을 거슬러 올라가 강제 연행된 광부의 경험과 거의 같은 시기에 한국의 시인 윤동주의 경험이 겹쳐진다."

"옥중 밤의 어둠을 대지의 녹색이 감싸고, 마지막에는 새벽을 예감케 하는 하늘의 파란색 속에 죽은 이들의 영혼을 풀어놓는다."

---

34 富山妙子, 앞의 책, 2009, pp. 202-203.

이 해석이 맞다면, 말 없는 사자들을 대신하여 죽음의 여정을 거쳐 마지막에 죽은 이들의 영혼을 놓아주려 하는 전개는 무당이 사령제死靈際에서 행하는 한풀이 의례의 수순과 같다. 왕묘 고분의 촬영이 불가능했던 탓에 그것과 대치시킨 석탑층의 이미지에 무당을 그려 넣는 것은 실현되지 않았지만, 도미야마가 작품 전체의 구성을 통해 하나의 매개자이자 표현자로서 무당의 역할을 다하고 있던 것은 아니었을까. 이어지는 「바다의 기억」에 대해서는 다음과 같이 말하고 있다.

> "역사의 어두운 밤 속에서 잃어버린 여자들이 있다. 과거에 대해 결코 말할 수 없는 여자들… 나는 무당이 되어, 그녀들의 깊고 슬픈 한 맺힌 목소리를 들으려 한다… 내가 그녀들을 위해 그린 그림은 무당의 노래. 그녀들의 혼에 안식을 주기 위한 노래가 아닌, 오히려 그녀들의 혼을 일깨우기 위한 노래. 그로 인해 우리들이 잊어버리지 않도록, 그녀들을 기억할 수 있도록."[35]

「바다의 기억」은 석판화와 두 점의 유화로 이루어져 있으며, 구두로 된 이야기는 여섯 개의 섹션으로 구성되어 있다. 이야기는, 전쟁 중에 소식이 끊어진 자매를 찾으려 하는 한 조선 여성이 무당에게 간청하여 그 영靈을 불러오는 것으로 시작된다. 그리고 영매에 의해 자바 해저에 이끌려가 거기에서 다양한 사자의 목소리를 듣는다. 그중에는 위안부의 영이 있었는데, 그녀는 부산에서 수송선의 밑바닥에 감금되어 40일간 흔들리는 배에서 지내다 싱가포르에 내려져 군대의 연회에서 〈아리랑〉을 부르게 되었고, 다음 날부터 "조선 삐이ピイ'라고 불리는 군대 전용 매춘부"가 되어 버린 복잡한 사정을 이야기하게 된다. 제니슨에 따르면, 작품의 후반부는 유화 「가룽강의 제삿날의 밤: 죽은 사람의 혼이 돌아오는 날」의 세부를 부분적으로 취하면서 전개

---

35 Rebecca Jennison, 앞의 논문, p. 90 참조.

그림 3 가르강의 제삿날

되고, 거기에 병사, 전쟁 희생자의 유골, 국화 문장, 위안부의 나체 등 "얼굴 없는 형상"이 배치되어 있다고 한다. 그런데 이는 "보는 사람으로 하여금 표상의 지배적 시스템을 근원부터 애매하게 만들어 버려 분리된 다양한 역사에 대한 기호와 시각적인 참조 사이의 연관을 생각하게 하는" 장치로 작용한다.

도미야마는 화집에 담긴 작품의 말미에 다음과 같이 덧붙이고 있다.

"1945년, 전쟁이 끝나고 살아남은 군인들은 나라로 돌아갔다. 그로부터 반세기에 가까운 세월이 지나도록 군대 위안부가 되었던 여자들의 소식은 알 수가 없다. 어떤 이들은 죽고, 어떤 이들은 남쪽 섬에 버려져, 여자의 정조를 중시하는 고향에는 돌아갈 수 없었다."[36]

80년대 후반, 다국적 기업에 따른 글로벌화라는 새로운 방법의 패권주의가 아시아에 널리 퍼지게 되자 도미야마는 태국 동북·이산 출신의 노이라는 이름을 가진 이주 노동자 소녀를 주인공으로 하는 「돌아오지 않는 이민의 소녀에게: 타이에서 온 소녀 이야기」를 제작하여 대국의 경제 식민지주의를 고발하였다. 그것은 도쿄에 일하러 온 소녀가 속아서 가부키쵸의 정글 속에 파묻히게 되고, 결국 "도쿄만의 디즈니랜드 옆 마을"로 팔려가 모습을 감추게 되었다는 이야기이다. 제니슨은 도미야마가 작품에 담은 주제에 대해 "식

---

36 富山妙子, 「海の記憶—朝鮮人從軍慰安婦に捧げる献花」, *Silenced by History: Tomiyama Taeko's Work*, 現代企画室, 1995, p. 48.

민지와 성 억압의 역사에 대한 그녀의 관심을 현재의 일본 수도 중앙으로 옮기고, 아시아로부터의 국경을 초월한 이동이라는 콘텍스트로 번역한 것"이라고 갈파한다.[37] 대일본제국에 의한 식민지 지배하에서 "군대 위안부가 된 여자들… 어떤 이는… 고향에는 돌아갈 수 없었다"고 하는 「바다의 기억」의 결말은 전후의 탈식민지주의 상황 속에서 "아시아로부터의 국경을 초월한 이동이라는 콘텍스트"로 대체됨으로써, 남쪽으로부터 와서 가부키쵸에서 사라진 여자들의 모습으로 반전된다.

80년대 후반, 태국에서 취재한 도미야마는 일본에 '태국 여성 지원기금'을 설립하여 태국의 여성단체 및 기타 지원그룹과 연락을 주고받으며 이주 여성 노동자들의 지원에 몰두했다. 그러던 91년, 김학순이 과거 종군 위안부였음을 밝히게 된다. 이 일을 접한 도미야마는 "종군 위안부의 돌아오지 않는 여자들은 오늘날 태국의 이주 여성 노동자들과 겹쳐친다"[38]고 말했다. 즉 아시아로부터의 국경을 초월한 이동이라는 콘텍스트에서 아시아 여성들을 속박하는 식민지와 성의 이중 억압을 고발하는 작품의 '의미'가 여기에서 명확하게 연결되는 것이다.

> "보름달이 뜨던 밤, 노이는 퍼붓듯이 술을 마시고 취해서는, 해안에 있는 방파제에 앉아 달에게 말을 걸고 있었습니다. 그날 밤 이후 노이는 어디로 간 것일까. 경찰과 순시선이 바다를 찾아보았지만, 노이는 보이지 않았습니다."[39]

이렇게 식민지 지배하에서 군대의 위안부가 된 소녀들도 전후 매판 자본가와 다국적 기업이라는 배경하에서 글로벌화로 인한 경제 격차 때문에 이

---

37 Rebecca Jennison, 앞의 논문, p. 92.
38 富山妙子, 『帰らぬ女たち―従軍慰安婦と日本文化』, 岩波ブックレット, 1992, p. 52.
39 위의 책, p. 62.

주 노동을 선택해야만 했던 아시아의 가난한 마을 소녀들도 모두 다 남쪽 바다 혹은 가부키쵸의 정글에 파묻힌 채 결국 "고향에는 돌아가지 못했다." 식민지적 억압 속에서 고향으로부터 어쩔 수 없이 떨어져 쓰고 버려지고, 몸도 영혼도 함부로 방치된 채 이방의 땅에 파묻혀 '고향에는 돌아가지 못했다'는 모티브에 대해서는 「터트려라 봉선화」가 그 원점임은 지적할 필요도 없을 것이다. 전쟁 책임, 조선, 성性, 이 세 가지 문제는 화가에게 골치 아픈 터부였지만,[40] 도미야마는 전쟁 책임과 조선 문제를 「터트려라 봉선화」를 통해 세상에 물었다. 그리고 페미니즘의 시각을 키워 남성 중심의 유교 규범에 대치하는 무당을 도입해 성의 문제를 다룬 작품 「바다의 기억」을 완성시킨다.

또한 80년대 후반에 방콕에서 「바다의 기억」을 상영한 것을 계기로 태국을 취재하게 된 도미야마는, 60년대 중반 36세의 젊은 나이에 군사독재 정권에 의해 사살당한 시인인 찟 푸미삭의 존재를 알게 된 후 예전부터 몰두해 있던 김지하의 시와 공통성이 있음을 깨닫게 된다. 그것은 동서 냉전하에 글로벌 경제의 지원을 받은 군사독재 정권이 아시아 제국에 공통적으로 존재하는 상황으로, 이를 비판하는 자는 '정치범'의 죄목을 씌워 투옥시키고, 언론을 탄압하는 것이다. 그리고 외자 도입으로 인한 개발독재와 관광산업, 그리고 부수적으로 따르는 성산업에 의한 외화 획득이 독재 정권을 지탱하는 시스템이 된다.[41] 이처럼 「돌아오지 않는 이민의 소녀에게」는 「터트려라 봉선화」, 「바다의 기억」에 담긴 식민주의 비판의 문제의식이 일본과 조선의 가해자-피해자의 관계를 넘어 더욱 보편화된 탈식민주의에 대한 비판으로 이어진 것이다. 그러나 그 틀은 70년대 김지하와 서승과의 만남에 회귀되는 것임을 지적해 두고 싶다. "자신의 존재를 담아 이야기할 수 있는 것"이 된

---

40 위의 책, p. 20.
41 富山妙子, 앞의 책, p. 43.

한국에서의 모든 경험이 역사의 어둠에 묻혀 죽은 이들을 불러내어 그 목소리를 듣고 기억하고자 하는 무당의 한풀이 의례 모티브로 도입되어 도미야마의 작품 속에 혈육화되어 있는 것이다.

이케다 시노부는 「바다의 기억」 창작에 대해, 즉 전장을 직접 체험한 남성 화가들의 경험과 기억으로부터 소외되고, 사회가 여성에게 기대하는 전쟁 기억과도 동떨어진 도미야마의 경험과 기억이 작품으로 열매를 맺어 사회에 받아들여지게 되는 과정을 다음과 같이 지적한다.

"경험이나 역사의식이 작품에 나타나기 위해서는 그것을 기대하는 사회적 관심이란 뒷받침이 필요한데, 그런 뒷받침이 있었기에 도미야가 과거와의 '뒤늦은' 만남을 가질 수 있었던 것으로 보인다."[42]

이것은 「바다의 기억」뿐만 아니라 「돌아오지 않는 이민의 소녀에게」와 그 후의 도미야마의 작품에도 적용된다.

4. 보더라인 아티스트와 「역사에서 누락된 이들」

90년대 이후 도미야마 타에코는 자신이 태어나고 자란 대일본 제국과 대립하면서 「하얼삔: 20세기로의 레퀴엠」(1995)과 「여우 이야기: 벚꽃과 국화의 환영」(2000)을 완성시킨다. 그 작품에는 일본 고대로부터 전승되어 온 이나리稻荷신앙의 정치적 뿌리와, 사람을 유혹하는 환각 능력을 겸비한 요사스러운 여우 모티브가 활용되었다.[43] 또한 「여우 이야기」에는 여우에게 지배되어 번영하는 지상

42　池田忍, 앞의 책, 2008, pp. 10-11.
43　富山妙子, 앞의 책, 2009, pp. 259-260.

그림 4, 5 「여우 이야기: 벚꽃과 국화의 환영」

과, 그와 대비하여 지하의 수많은 사자들의 한풀이 의례를 하는 무당이 배치된다. 그것은 전후에도 형태를 바꾸어 반복되는 대동아공영권이라는 일본 중심의 글로벌리즘의 그로테스크함을 강조하기 위한 장치가 된다.

그리고 2011년 3월 11일을 계기로, 도미야마는 원전사고를 테마로 한 작품을 그리기 시작한다. 그것은 냉전 이후 경제 글로벌화가 그 나라의 가장 가난한 지역에 준 최악의 참사로, 여우가 표상하는 '타자'의 희생 위에 세워진 현혹적인 번영의 와해와, 눈에 보이지 않는 방사능이 글로벌하게 세계를 계속해서 오염시키는 것을 의미한다. 도미야마는 신숙옥과의 대담에서, 보이지 않는 것을 볼 수 있도록 하는 것이 예술이며, 지진과 원전사고를 그린 작품에는 인도의 표착신漂着神과 에도시대 초기 화가인 다와라야 소타츠俵屋宗達의 풍신風神·뇌신雷神을 등장시키기로 했다고 했다.

신숙옥은 전후 아시아와 화해할 수 없었던 일본이 포기하고 싶지 않았던 폭력 장치가 바로 원전이었음을 주장하며, "전쟁은 끝나지 않았고 끝내지도 않았는데 마치 전쟁이 끝난 것처럼 모두가 암묵적으로 동의한 것이라고 생각한다. 따라서 전후에 청산하지 못한 감정이, 증오가 언제든 분출될 것이라는 생각을 하면 암담한 기분이 든다"고 말했다.[44]

도미야마에게 지진과 원전사고를 둘러싼 창작은 현재진행형의 일이 되었다. 전후에도 청산하지 못한 대동아공영권을 향한 꿈. 패전에 의해 대동아공영권의 지배자/피지배자의 관계에서, 패전국가/전승국민으로 입장이 역전된 아시아에 대한 미움. 버블경제기 이후 실족하는 일본 경제에 아랑곳없이 대두하기 시작한 한국과 중국에 대한 질투. 자신감을 얻은 이들 국가가 마침내 국제 사회의 역학 속에서 오랫동안 입 다물고 있던 일본의 전쟁 책임을 국제 사회를 향해 소리 높여 외치기 시작한 것에 대한 배신감과 증오. 고도 경제성장으로 부상된 사회의 이면에서 국책으로 추진되어 왔던 원자력 정책과 환경 파괴는, 저 지진의 흔들림을 신호로 하늘을 찌를 것 같은 살아 있는 모든 자들의 분노, 아시아에 대한 어둡고 추한 감정이 터져 나옴과 동시에 바람신, 번개신의 모습을 빌어 분출된다.

이후 다시 무당이 된 도미야마는 황폐해진 피해 지역에 남겨진 자, 고향에서 쫓겨나 되돌아갈 수 없는 죽은 자와 산 자, 즉 도쿄올림픽이라는 '여우의 요술'에 홀린 현재의 일본 사회에서 목소리가 없어진 이들의 목소리를 과연 어떠한 '관점'으로 발견하고 어떠한 '상상력'으로 그려 나갈 것인가. 도미야마는, 억압 상황의 갈라진 곳에서 목소리가 막힌 존재를 '역사로부터 떨어뜨려진 이들'이라 부른다. 80년대부터 페미니즘 관점을 도입하여 여성의 입장에서 성을 끌어들여 '여자의 누드나 질膣'을 그리는 동시에, 그곳으로부터 나오는 한의 목소리를 듣는 무당을 배치시킴으로써 역사의 어둠 속에 여자들의 목소리를 가두어 온 가부장제문화의 비뚤어진 모습을 부각시켰다.[45] 그러나

---

44 辛淑玉·富山妙子, 『〈男文化〉よ、さらば―植民地.戦争.原発を語る』, 岩波ブックレット, 2013, p. 43–44.
45 富山妙子, 앞의 책, 1992, pp. 19–27.

3·11 이후의 일본에서 '역사로부터 떨어뜨려진 이들'의 목소리를 건져 올리기 위해서는 페미니즘에 머무르지 말고 다양한 지식을 결집시킨 '관점'과 '상상력'을 모색해야 할 것이다.

흥미로운 것은 조선인 광부, 위안부, 이주 노동 소녀 등 일관되게 '역사로부터 떨어뜨려진 이들' 앞에 멈춰 서 움직일 수 없었던 도미야마의 예술에 대해 논하면서, 미술사의 이케다 시노부와 사상사의 제니슨이 똑같이 탈식민주의자인 호미 바바Homi K. Bhabha를 참조하고 있다는 점이다. 이케다는 'in between' 공간이라는 바바의 개념을 인용하여 '타자'의 경험을 마주보려고 하는 도미야마 작품이, 다양한 사람들의 기억이 교차하는 '문화의 장소'를 매개하는 공간으로 재구성된 역사의식을 표상하고 있다고 지적한다.[46] 또한 "역사를 읽고 그 '안에' 존재하고 머무는 것"에 대해 도미야마와 바바가 같은 울림을 갖고 있다고 한 제니슨 역시, "문화 간의 open border(열린 경계)의 시학詩學"을 수행하고 'in between' 공간으로서 "여기저기에 '틈새', 중복, 삽입을 표시하는" 것으로 과거를 재형상화하는 '보더라인·아티스트'로서 도미야마를 자리매김하고 있다.[47]

도미야마의 예술에서 '문화 간 open border의 시학'이 노리는 것은 화가 자신이 아닌, 무당이다. 정확히 말하면 그것은, 조선 무당을 핑계로 하여 도미야마 자신이 '역사로부터 떨어뜨려진 이들'과 함께 괴로워하는 '관점'과 '상상력'을 발휘하여 행하는 한풀이를 통해 수행된다. 이미 언급한 바와 같이 도미야마에게 '골육지간'은 홍성담처럼 땅에 뿌리내리는 것이 아니라, 식민지주의의 역사 속에 살아온 가상적인 '메모리·스케이프' 안에 있는 것이다. 도미야마의 무당은 환상의 대일본 제국에 남겨져 죽어간 이들의 목소리에 이

---

46 池田忍, 앞의 글, 2010, p. 97.

47 Rebecca Jennison, 앞의 논문, pp. 84–85.

끌려 사라져 버린 종말의 땅에서 지박령地縛霊이 된 사자들을 찾아 나선다. 이렇게 해서 '역사로부터 떨어뜨려진 이들'의 조각난 역사를 다시 합쳐 탈식민주의의 세계사를 재형상화하는 과정이 도미야마의 예술을 구성해 온 것이다.

신숙옥과의 대담에서 마지막으로 도미야마는 다음과 같이 말하고 있다.

> "동일본 대지진과 후쿠시마 원전사고를 낸 일본은 일찌감치 과거에 눈을 감고, 과거 식민지였던 나라들에게 원전 세일즈를 하는 데 힘쓰고 있습니다. 이코노믹 애니멀(경제적 동물)이 되어 버린 부끄러운 모습입니다. 모든 경계를 넘어 이성 있는 사람들과 함께 서로 이야기 나눕시다."[48]

도미야마는 3·11 이후의 일본 사회를, 바뀐 형태의 대동아공영권의 재래로 파악하고 있는 것이 분명하다. 아이러니하게도 그곳 역시 '국내 발發 난민'[49]에 의한 이동이 발생하고 있지만, 그들의 목소리는 '여우의 요술'에 의해 사라져 버리고 대부분 들을 수 없는 상태가 되어 버렸다는 것이다. 이러한 상황을 마주하고 있는 '이성 있는 사람들'로서 도미야마는, 미국의 일본사 연구자인 노마 필드Norma Field와 로라 헤인Laura Hein을 예로 들며 그들의 시선을 "전쟁이 새긴 깊은 슬픔에, 국경을 초월하여 생각을 한데 모으는 새로운 관점"이라고 평하고 있다.[50] "생각을 한데 모으는 새로운 관점"이란 직면한 사

---

48 辛淑玉·富山妙子, 앞의 책, p. 63.

49 후쿠시마에서 피해자의 멘탈 케어를 담당한 정신과 의사 아리츠카 료지蟻塚亮二는 원전 피난민과 피해자를 '국내 발發 난민'으로 지정하였는데, 전쟁 전부터 지금에 이르는 재일 조선인, 오키나와 전후 미군 수용소에 갇힌 오키나와 사람들, 만주 귀환자 등이 이에 해당한다고 지적한다. 유럽에 이주한 중동 난민들에게 발견되는 PTSD가 '일반인의 8배 이상'에 해당한다는 오슬로 난민센터의 보고(유럽 스트레스·트라우마 해리학회, 2014)에 따라 "일본에서도 유럽과 미국 수준으로 국내 발 난민과 해외에서 발생한 난민, 재일 조선인이나 기타 외국인의 정신 건강에 대해 연구해야 한다"고 설명한다(蟻塚亮二, 『3·11と心の災害』, 大月書店, 2016, pp. 98-102).

50 辛淑玉·富山妙子, 앞의 책, pp. 60-61.

태에 대해 새로운 'in between' 공간을 보기 시작한 시각으로서, 마이너리티의 소리 없는 목소리를 건져 내어 역사 속에 재형상화 시키는 방법론을 말한다. 이것은 시미즈 아키코의 '관점', '상상력'과도 같은 의미이다.

여기에 다다르면 '모든 경계를 초월하는' 의미로 구태여 조선의 무당을 모티브로 할 필연성이 희박해져 버린다. 그러나 방법론으로써 샤머니즘이 무효하게 되는 것은 아니다. '대척지점'의 저쪽 편에 'in between' 공간으로의 이동을 반복하며, 마이너리티의 파묻혀 버린 소리 없는 한의 목소리를 들어 이쪽 편으로 이어 주는 샤먼의 역할은 표현자의 그것이기도 하기 때문이다. 도미야마의 예술이 앞으로 샤먼을 어떤 방법으로 형상화하고, '역사로부터 떨어뜨려진 이들'의 한풀이를 어떤 방법으로 이끌어 3·11 이후의 세계를 그릴 것인지 그 귀추가 매우 주목된다.

(번역: 정익수)

제3장

샤머니즘과 지동설:
시베리아 제 민족의 샤머니즘과 한국의 무속

박용숙

1. 들어가는 말

서구문명을 주도한 유럽문명은 우리가 사는 지구가 거대한 맷돌로 바다 위에 떠 있고 그 둘레로 태양이 돈다는 천동설을 실천했던 문명이다. 이 문명의 단초는 기원전 5세기에 프톨레마이오스와 아리스토텔레스의 천동설로, 이를 영문으로는 'heliocentric theory'라고 한다. 하지만 이미 플라톤이 역설했듯이 그 이전에는 바빌로니아시대의 지동설문명이 오랜 세월 인류문명을 주도해 왔다. 즉, 이전의 문명은 지구는 멈춰 있는 맷돌이 아니라 스스로 자전하면서 태양을 도는 지동설문명이다. 이를 영문으로 'geocentric theory'라고 쓴다. 군이 여기서 영문표기를 강조한 까닭은 이 개념이 오늘의 인류가 맞닥뜨린 정체성의 위기를 논의하는 데 중요한 주제가 되기 때문이다. 이 두 개념에서 한쪽이 이성적인 문명으로 공인되고 다른 쪽이 비이성적인 미개인의 문명으로 정의되어 왔다는 사실은 상식이다. 잘 알려져 있듯이 천동설은 하나님이 지구라는 땅덩어리를 바다 위에 맷돌처럼 떠 있게 만들었다는 우주론이다. 이 우주론에서는 하루에 한 번씩 태양이 동쪽에서 떠서 서쪽으로 진다. 태양은 그 뜨거운 몸을 식히기 위해 맷돌의 서쪽바다로 들어가 다시 바다 아래를 통해 동쪽으로 다시 이동하여 뜬다고 한다. 이것이 허구임을 밝힌 것은 코페르니쿠스로, 그 폭로가 있은 지 6백 년이 넘었지만 그들은 아직도 천동설문명에 대한 반성에 적극적이지 않다. 20세기에 유럽에서 시작해 주목받았던 모더니즘Modernism운동이 전후 사정으로 미국으로 옮겨갔으나 반세기도 버티지 못하고 기어이 고사하고 말았다.

나는 이 글에서 인류가 잃어버린 샤머니즘이 지동설문명의 유산이라고 주장하고자 한다. 오랫동안 서구학자들은 샤머니즘을 '애니미즘animism'이라고 정의해 왔으므로 이렇게 주장하는 일은 다소 황당한 일이라 반응할지도 모르겠다. 애니미즘은 서구학자들에 의해 미개인의 사유思惟로 해석된다. 샤머니즘 연구의 신세대 학자들인 제레미 나비Jeremy Narby와 프랑시스 헉슬리Francis Huxley가 공동으로 펴낸 자료집 *Shmans Through Time*[1]에 따르면, 샤먼을 처음 만난 서구인은 프랑스의 신부 앙드레 테베Andre Thevet이다. 그는 1557년에 브라질에서 미개인 샤먼을 만난다. 그는 그들의 이상한 짓거리를 구경하면서도 그것이 지구의 자전·공전의 이치를 전달하는 퍼포먼스임을 알지 못했다. 실제로 그가 살던 시대는 이미 코페르니쿠스가 지구가 자전하며 공전한다는 사실을 폭로했던 시대였다.

그런 뒤 1세기가 지날 무렵 러시아 학자들이 본격적으로 시베리아(퉁구스) 샤먼들과 접촉했다. 하지만 그들도 샤먼의 해괴한 풍속이 지구의 자전·공전의 이치와 관련이 된다는 사실을 알지 못하기는 마찬가지다. 그들의 눈길이 간 것은 샤먼들이 걸친 해괴한 의상과 장식품들, 그리고 북과 꽹과리를

---

1 Jeremy Narby and Frances Hayles (eds.), *Shamans Through Time: 500 years on the path to knowledge*, New York: Tacher, 2001.

요란하게 두드리며 빙글빙글 돌거나 폴짝폴짝 뛰어오르며 추는 이상한 춤이었다. 심지어는 남미의 샤먼은 살아 있는 뱀을 쥐거나 입에 물고 뛰어오르거나 빙글빙글 도는 춤을 추었다. 합리주의 이성을 절대적인 척도로 존중했던 서구학자들에게 그것들은 정신병자들의 해괴한 짓거리로 보였을 것이 분명하다. 이후 이들 연구는 여러 설로 혼선이 되었으나, 서구에서 심층심리학이나 정신의학이 주목을 받으면서부터 샤머니즘이 문명세계에 정식으로 알려지게 되었다. 샤머니즘에 있어서 뱀은 빛과 그림자의 상징이고, 회전무回轉舞는 지구가 자전하며 공전함을 보여 주는 퍼포먼스였으며, 길이길이 뛰어오르는 동작은 지구에 탄다는 의미였지만 그들은 이를 알지 못했다. 물론 샤먼댄스는 유구한 세월에 걸쳐 전승된 것이므로 샤먼 자신들도 그들이 무엇을 하는지 정확히 알지 못했다.

저자는 2015년에 펴낸 『샤먼문명』에서 이미 샤머니즘이 미개인의 사유가 아니고, 지구가 자전하며 공전하는 우주론을 종교로 숭상했던 문명이라고 주장했다. 이 논문에서는 그 주제를 다시 재구성해 보았다.

2. 샤먼과 지동설

1930년대 일본학자 아까마츠지죠赤松智城와 아키바류秋葉隆 두 사람이 제주도에서 동해안으로, 그리고 다시 목포에서 평안도에 이르는 서해안 답사를 통해 우리의 무속자료를 종합적으로 구성하여 1973년에 『朝鮮巫俗の硏究』(上, 下)를 펴냈다. 그들은 폴란드 출신의 니오라쩨Geor Nioradze가 독일에서 받은 박사논문인 「시베리아 제 민족의 원시종교」를 1940년에 『滿蒙의 民族과 宗敎』라는 제명으로 번역 출판하기도 했다. 샤머니즘에 대한 서구학자들의 연구 동향을 익히 알고 있었던 상황이라 그들의 한반도 무속에 대한 조사와 연구는 우리의 샤머니즘 연구에 더없이 긴요한 자료가 되고 있다. 그들의 연구는 한국의 샤머니즘 전체를 『무가巫歌열두거리』로 정리해 놓았다. 열두거리는 전체의 제목이 '제석푸리'로 한국 무속이 본질적으로 제석신앙과 관련이 있음을 말해 준다. 이 점은 서울지역의 굿을 정리한 『경성열두거리』[2]에서 드러난다. 이 굿거리는 다음과 같은 가사로 시작한다.

> 처다보면 삼십삼천三十三天
> 내려다보면 이십팔수二十八宿
> 동두칠성東斗七星
> 서두칠성西斗七星
> 남두칠성南斗七星
> 북두칠성北斗七星
> 중앙에는 삼대육성三臺六星

　무녀가 굿판에서 거창하게도 우주와 천문학을 노래한다는 사실을 알게된다. 실제로 무가열두거리를 그림으로 옮겨 놓은 걸개그림(서울대학박물관 소장)에도 12거리는 '제석푸리'라고 되어 있다. 제석굿은 다섯 번째로 등장한다. 이 그림에서 제석은 흰 고깔에 흰 장삼도포를 걸쳤는데, 긴 붉은색 띠를 목에서부터 앞쪽으로 길게 늘어뜨린 차림새를 했다. 두 손에는 부채와 방울을 잡고 양쪽으로 펼쳐 들고 있다. 이 포즈가 천문을 관측하는 직능자를 말한다는 것은 굿거리 가사에서 드러난다. 이를테면 '처다보면'이라든가 혹은 '내려다보면'이라는 동사는 지구를 타고 하늘을 관찰하는 시선임을 말해준다. 실제로 이들 동사는 그가 잡은 청동방울과 부채와도 관련되어 있다.

---

2 『경성열두거리』는 용궁가망, 가망청배, 호구청배, 만명청배, 창부청배, 뒤풀이 등으로 구성되어 있다.

방울은 진동음을 만들어 북극과의 통신을 꾀하는 무구이고 부채는 지구의 궤도를 각도角度로 헤아리는 기하학幾何學의 심벌이다.

제석은 한자로 '帝釋'이고 이는 그리스신화에 등장하는 제우스zeus와 같은 명칭이다. 엘리아데에 의하면 zeus는 인도유럽어의 어근인 하늘天을 뜻하는 deiwos에서 비롯되고, 그 뜻은 신神을 뜻하는 라틴어의 deus, 산스크리트어의 deva와 같다고 했다.[3] 그리스신화가 샤머니즘과 무관하지 않음을 말해 준다. 인도의 고대신화를 연구한 언어학자 막스 뮬러F. Max Müller는 산스크리트시대의 신화 연구에서 제우스의 명칭에 태양을 의미하는 어근이 있다고 주장하기도 했다.[4] 그의 연구는 제우스의 이름이 어느 특별한 지역에서 사용되었던 명칭이 아니라 보다 광범한 범위에서 사용되었던 명칭임을 말해 준다.

우리의 경우 제석이라는 명칭은 일연의 『삼국유사』에 '환인제석桓因帝釋'이라는 명칭으로 등장한다. 하지만 국내 학자들은 이 명칭의 출처를 불교와 연결시키면서 우리 고대사의 정체성을 의심한다. 하지만 실제로 『법화경法華經』에서는 이 말이 자신들의 고유어가 아니고 외국어라고 명기하고 있다.[5] 이렇게 되면 제석이라는 말의 기원이 다름 아닌 샤머니즘시대의 신의 이름이었음을 알게 된다. 환인제석의 기원은 기원전 2천 년으로 거슬러 올라간다. 무가의 '제석거리'는 기원전 1만 6천 년 전에 이미 존재했던 샤머니즘의 역사와 함께 존재했다. 제우스는 굿거리 가사에서 우주를 살피는 천문학자의 모습으로 등장한다. 이는 샤머니즘이 지구의 자전·공전을 노래하는 굿이라는 사실을 말해 준다. 굿거리 가사는 이런 주장을 부정할 수 없게 한다.

굿거리 가사에서 제석은, 쳐다보면 33천이 있고 내려다보면 28수宿가 있

---

3 Mircea Eliade, A *History of Religious Ideas*, London: Collins, 1979, p. 189.

4 Pierre Grimal, 『ギリシア神話』, 高津春繁 譯, 白水社, 1983, p. 134.

5 中村元, 『佛教語大辭典』, 東京書籍, 1975 재인용; 조자룡, 『三神民考』, 가나아트, 1995, p. 166.

다고 말한다. 그런 다음 동서남북에 배치된 네 개의 국자별斗七星을 노래하고 마지막에 우주 중심에 삼태육성三臺六星이 있다고 노래한다. 33천은 불경 구사론俱舍論에서는 제석천帝釋天 혹은 도리천忉利天이라 하는데, 그곳이 수미산須彌山의 꼭대기에 해당된다고 말한다. 제석천의 '제석'을 새벽별 금성이라고 읽으면 33천이 샤머니즘의 용어였다는 사실을 알게 된다. 삼신이 1년에 두 번 나타난다는 말은 금성이 춘추분에 지구와 두 번 교차한다는 뜻이다. 불교가 이를 도리천이라고 했는데, 여기서 '도리'는 그대로 우리말하고도 다르지 않음을 알게 된다. 지구가 1년간 도는 하늘풍경의 하나다.

28수는 달이 지나는 정거장宿을 적도赤道의 동서남북에 4개로 정하고 그 네 개에 일곱 개의 별무리七宿를 배당한 것이다. 이는 달이 항성恒星 사이를 28밤夜 일주一周한다는 천문학적인 지식을 근거한 하늘표지이다. 이때 동서남북에 배치한 네 개의 궁斗星이 고구려시대의 고분에서는 사신도四神圖로 그려진다. 고분의 동쪽에는 춘분의 신 청용靑龍, 남쪽에는 하지의 신 주작朱雀, 서쪽에는 가을의 신 백호白虎, 북쪽에는 겨울의 신 현무玄武가 그려져 있다. 이 4계절의 신이 사실상 풍요와 다산을 상징하는 샤먼의 얼굴인 셈이다. 고대의 요가행자들은 이 이정표를 확인하는 의식을 주천周天, 혹은 회전의回轉儀, Gyroscope라고 했다. 이 말은 '하늘을 한 바퀴 둘러본다'는 뜻으로 지구의 자전·공전 현상을 뜻한다. 제석의 굿거리가 바로 주천의식이고 샤머니즘이 지구의 자전·공전을 노래한다는 사실을 말해 주고 있다.

경성열두거리의 주제는 우주 중앙에 있다는 삼태三台와 육성六星이다. 이 굿에서는 무당이 위에 붉은 저고리를 걸치고 아래에는 푸른색 치마를 입고 양손에 삼지창三枝槍과 언월도偃月刀를 잡는다. 삼지창이 삼태이고 언월도가 묘성昴星이다. 묘성은 보통 여섯 개의 별로 보이기 때문에 이를 육성六星이라고 한다. 삼태는 해와 쪽달三日月과 샛별의 셋을 가리키며 태台는 나란히 나타나는 별을 지칭한다. 육성은 춘분날 새벽에 세 개의 별이 한꺼번에 나타날 때 그 뒤쪽에서 볼 수 있다. 이 삼태의 드라마는 낮과 밤의 길이가 똑같아지는 춘분날에 맞이하는 샤먼의 최대의 축제가 된다. 이는 지구가 자전하며 공전한다는 이치를 전제하지 않으면 아무런 의미가 없다. 샤먼은 삼태를 삼신三神이라고 하는데, 사실상 그들 신앙의 주신이다.

초기 샤머니즘 학자들의 정력적인 노력에도 불구하고 그들은 만주어로 'shaman'이라는 말이 삼태를 뜻하는 삼신三神이고 그 중심어가 삼三이라는 사실을 인지하는 데 실패했다. 'shaman'이라는 말의 어원에는 '삼三, sam'과 그리고 제석司祭을 가리키는 칸干, (k)han의 의미가 합성되어 있다. 샤먼은 해와 달과 금성이 한자리에 동시에 나타나는 천문학적인 이치를 숭상한 것이다. 샤머니즘은 2분법의 교리가 아니라 3분법의 교리다. 이런 사실을 합리주의 이성을 신봉하던 유럽학자들이 쉽게 이해한다는 것은 20세기에 들어와서도 불가능한 일이다. 미르체아 엘리아데Mircea Eliade에 의하면 시베리아 샤먼에게 삼수三數는 성수聖數이다. 우리 무속은 이 삼수를 만명신卍明神이라고 한다. 만卍은 '회오리回'이고 '명明'은 해와 달을 합친 글자로 만명신은 빛陽으로서의 해와 그림자陰로서의 달을 한 품에 동시에 감싸고 있는 그 어떤 존재로 읽을 수 있게 된다.

우리가 알고 있는 새벽별 금성은 해와 달에 이어 세 번째로 밝은 별이다. 이 별은 지구의 안쪽으로 도는 내행성內行星으로 현대 천문학이 전하는 이론과는 달리 지구와 나란히가 아니라 독자적인 방향으로 태양을 돌면서 지구와 춘추분 때 두 차례 교차한다. 이것이 샤머니즘을 구성하는 근본 원리이다. 일본 신화에서는 이 삼신을 해日讀尊와 달月讀尊과 금성天津甕星이라고 적는다. 일본 신화도 지구의 자전·공전의 이치를 전제한다는 것을 말해 주는 것이다. 중요한 사실은 삼신의 이 드라마를 지구의 어느 지점에서나 다 볼 수가 없다는 사실이다. 그것은 천문학상의 이유이며 샤머니즘의 분포도가 지구상에서 경도經度가 아니고 위도緯度를 따라 이동한다는 사실이 말해 준다.

3. 사계절과 샤머니즘

샤먼은 그들이 있는 곳을 낙원이라고 부른다. 낙원의 개념은 지구상에서 4계절이 정확히 순환하는 곳이다. 그것은 샤머니즘의 근간에 천문학이 전제됨을 말한다. 사계절의 신神을 그린 그림을 사신도四神圖라고 했다. 사신도의 걸작은 사신도고분에서 발견된다. 이 벽화는 세계에서 오직 한반도와 우즈베키스탄, 그리고 일본(타카마츠총)에서 발견될 뿐이다. 샤머니즘의 분포지역이 중앙아시아에서 한반도와 일본 열도에 하나의 띠를 형성하고 있음을 말해 준다. 이 지역이 아시아에서 4계절의 순환이 잘 되는 곳이기 때문이다. 사신도가 샤먼에게 중요한 주제가 되는 것은 그 별의 자리가 지구가 태양의 주위를 도는 거대한 돌덩어리라는 사실을 깨닫게 만드는 계기가 되기 때문이다. 지구가 태양에 가장 가까이 가면 여름이고, 멀리 떨어진 곳으로 가면 겨울이고, 그 중간 정도가 봄과 여름이라는 사실을 네 별자리는 쉽게 깨닫게 한다. 지구의 자전과 공전의 이미지가 사신도에 숨어 있는 셈이다. 사신 중에서 주작朱雀은 낮이 가장 긴 하지夏至를, 현무玄武는 1년 중 밤이 가장 긴 동지冬至의 신상이다. 이는 지구가 태양을 도는 모습이 바른 원正圓이 아니고 타원형임을 말한다. 궤도의 중심이 되는 태양이 궤도의 중심에 위치하지 않는다는 사실을 말해 준다. 이것이 샤먼의 천문학이다.

천동설 이전에 이미 알고 있었던 샤먼의 타원궤도설을 처음 주장한 사람은 코페르니쿠스 이후의 요하네스 케플러Johannes Kepler(1571-1630)이다. 그는 지구의 공전궤도가 타원형의 극장처럼 생겼으며 태양은 정확히 그 극장의 중심에 있다고 주장한다. 그는 샤먼이 숭상하는 사계절의 의미를 알지 못한 것이다. 그의 주장대로 태양이 궤도의 정중앙에 있다면 지구가 하지에 뜨겁게 달구어지고 동지에 얼음덩어리가 되는 이유를 설명하지 못하게 된다. 그래서 케플러는 이렇게 변명한다. 지구는 하지 때 천천히 가고 동지 때는 빨리 달린다. 그는 지구가 자동차처럼 운전자의 마음대로 속도를 조절할 수 있다고 믿었다. 어쨌든 샤먼이 굿거리를 통해 전하려는 메시지는 지구는 돈다는 사실이고, 우리는 그 거대한 맷돌 위에 타고 있는 존재임을 전하려는 것이다.

고구려시대의 고분벽에 그려진 사신도는 청룡靑龍이 머리에 두 개의 뿔을 가진 새끼용으로 나타나는데, 춘분에 이르면 아래에서 위로 솟아오르는 모습이 된다. 하지만 실제로 사신은 28수에 포함된 별무리이다. 이 별은 붙박이로 움직이지 않는 고정된 별이다. 이는 백호의 경우도 마찬가지다. 백호는 날개를 단 호랑이 모습이다. 지구가 춘분에서 6개월이 지나는 추분에 이르면 이 별은 이상하게도 수평선 아래로 내려가는 것처럼 보이다.『설문』이라는 한자사전에서도 용이 춘분에 하늘로 올라가고 추분에는 연못으로 들어간다고 했다.[6] 하지만 샤먼은 붙박이 별인 이들 4계절의 신이 움직이는 것이 아니고, 샤먼이 타고 있는 지구라는 맷돌이 그 시간대에, 춘분에는 오른쪽으로 추분에는 왼쪽으로 움직인다는 것을 안다. 지구의 타원궤도를 머리에 그려 보면서 이 이야기를 새기면 제석이 삼지창과 언월도를 들고 왜 28수와 사신을 노래하는지를 헤아릴 수 있다. 그러니까 4계절의 신은 지구가 자전하며 공전한다는 사실을 알리는 천사의 별인 것이다.

4. 북두칠성

북두칠성北斗七星은 북극권北極圈의 언저리에 있다. 천축天軸이라고도 일컫는 북극권에는 곰자리, 오리온자리, 알파성, 시리우스와 같은 별들이 있다. 무

6　池田末利,『古代中國宗敎史硏究』, 東海大學出版會, 1981, p. 291.

가에 등장하는 수소자리Taurus나 묘성pleiades도 북극권의 언저리에 있다. 고대 히브리인들의 샤먼牧者은 북두칠성, 오리온, 묘성을 '만물을 창조하고 변화시키는 신'이라고 했으며, 북유럽(Fin족)의 샤먼들도 북극성은 하늘의 쇠못bohinavie걸이로 행성들이 이 쇠못에다 보이지 않는 끈을 묶고 회전한다고 믿었다. 우리가 타고 있는 지구도 이 걸개에 끈을 매고, 태양의 둘레를 회전하고 있다는 뜻이다. 이 경우 불교에서는 도솔천兜率天이라는 말을 쓴다.

시베리아 샤먼은 북두칠성이 '일곱 노인'의 집단이라고 이야기한다. 이 노인들은 인간의 운명을 좌우할 뿐만 아니라 처녀약탈자들로 전해진다. 샤머니즘의 처녀공희供犧 풍속과 관련된다. 시베리아 샤먼도 이들 노인들이 금성이나 묘성의 딸들을 약탈하기 때문에 북두칠성을 원성의 대상으로 삼기도 한다. 몽골인은 묘성이 본래 일곱 개였으나 그중 하나를 북두칠성이 약탈하여 여섯이 되었다고 믿었다. 알타이 타타르인의 샤먼은 이 노인들이 훔쳐간 딸은 한 명이 아니라 일곱이나 된다고 믿었다.[7]

북두칠성이 일곱 개의 별로 국자모양을 이룬 것과 무관하지 않다. 우리의 무가巫歌 「바리공주」에 등장하는 칠공주 중에 하나가 버림받게 되는 이야기도 알타이 샤먼의 신화와 무관하지 않다. 이와 같은 전설은 묘성이 하늘의 씨주머니(항아리)를 가지고 있다는 전설의 패러디라고 할 수 있다. 모든 샤먼은 하늘의 위대한 영혼의 씨가 지상으로 내려와 선택받은 처녀의 자궁을 통해 장수(영웅)나 천재로 태어난다고 노래한다.

시베리아 샤먼은 사슴을 북두칠성의 상징으로 삼고, 이를 곰좌大熊座라고 부른다. 부리야트 샤먼도 이를 '일곱 개의 별' 혹은 '일곱 명의 노인'이라고 부른다.[8] 초기 시베리아 샤머니즘을 연구한 우노 하르바Uno Harva에 의하면,

---

7 Uno Harva, 『シャマニズム―アルダイ系諸民族の世界像』, 田中克彦 譯, 三省堂, 1971, p. 176.
8 위의 책, pp. 175–178.

시베리아 샤먼들은 이 일곱 개의 별들이 서로 보이지 않는 끈으로 연결된 개들로 보았다고 한다. 때문에 이 끈이 풀리면 개들이 뿔뿔이 흩어져 세계는 엄청난 파국을 맞는다고 믿었다.[9] 이는 북극성이 망망대해의 등대와 마찬가지로 하늘의 등대 기능은 물론 북극의 고도를 측정하는 기준점이 된다는 뜻이기도 하다. 그 고도를 측정하여 지구 어느 지역의 밤낮 길이는 물론 해의 출몰 시각을 계산할 수가 있다. 한서漢書나 진서晉書에 나오는 천문에 관한 기사에는 북두칠성의 이 7수가 북에서 만나는 수이며 사계절의 시작을 의미한다고 기록되어 있다. 엘리아데에 의하면 시베리아의 모든 샤먼은 3, 5, 7, 9수를 신성하게 여긴다고 한다. 3이 33천과 관련이 있음은 물론이고, 7이 북두칠성을 말한다는 것을 알 수 있다.

5. 묘성昴星과 좀생이

제석푸리의 주제는 금성과 묘성Pleiades이라고 할 수 있다. 인간의 생사화복 및 영적 인간의 탄생 모두 이 두 별의 몫이기 때문이다. 중국 문헌에는 묘성을 묘칠성昴七星이라고 하고, 28수宿의 하나로 그 별명이 하늘의 귀耳라고 나와 있다. 귀의 메타포는 서자庶子를 가리키는 것으로, 고대의 모든 서자신화庶子神話가 된다. 영혼을 가진 인간이 산신할멈神母의 조화로 묘성으로부터 지상으로 내려온다는 이야기다. 한자풀이『자전字典』은 서자를 '좀생이 혼'이라고 풀이하고, 이를 묘령昴靈이라고 기록했다. 묘성의 정精이 메시아(장수)로 태어난다는 비유이다.[10] 신화는 이 영혼이 풍요와 다산의 여신이 지닌 항

9   위의 책, p. 174.
10   諸橋轍次, 『大漢和辭典』, 大修館書店, 昭和59年.

아리(컵) 속에 있다고 전한다. 『일본서기日本書紀』가 새벽의 여신 아마테라스를 가리켜 천진옹성天津甕星이라고 기록한 것도 옹기의 특별한 의미를 강조한 것이다. 천진이라는 말은 북극이고, 옹기의 별은 씨앗의 별 묘성이다. 일반적으로 수메르, 바빌로니아, 지중해신화는 이 신을 이난나, 이시타르, 비너스와 같은 이름으로 부르고, 이 신을 놋쇠銅의 신이라고 한다. 옹기 대신 구리로 씨앗을 저장하는 항아리를 만들었음을 의미한다.

구리나 옹기는 모두 광석이다. 우리가 사는 지구가 별이고 그 별은 광석으로 되어 있다. 기독교 성서에는 하나님이 인간을 흙으로 빚었다고 한다. 이때 흙으로 빚는다는 말은 흙을 빚어서 불에 구어 옹기를 만든다는 뜻이다. 폴란드의 샤머니즘 연구자 니오라쩨의 논문에는 다음과 같은 정보가 보고되어 있다. 시베리아의 세레미스인은 그들이 믿는 신 케레멘트Keremen가 하늘에 있는 돌에서 정령 사크레Sakre를 창조했다고 믿었다. 신 케레멘트가 망치로 돌을 두드리면 불이 일어나고, 그 불에서 정령 사크레는 물론 요괴에서부터 사람에 이르는 모든 생명체가 차례로 나타났다고 했다.[11] 이 기록은 지구에 사는 모든 생명체가 돌에서 난다고 주장하고 있는 것이다. 유교시대의 선비들은 괴이하게 생긴 돌을 수석壽石이라고 수집했으며, 이 돌에 화제畫題를 붙여 시화詩畫를 제작하기도 했다. 돌은 온 우주에 널려 있는 별의 몸체로 모든 생명의 모체이다. 실제로 과학은 지구에 떨어지는 운석에 생명의 4대 원소가 들어 있다고 확인해 준다.

우노 하르바의 기록에 의하면 시베리아지역의 제 민족은 묘성의 본성이 우주의 불씨라 믿었다고 한다. 알타이 샤먼은 묘성을 '메친mechin'이라고 부른다. 태초에 메친은 지구의 생명체와 마찬가지로 지상에 살고 있었다. 그러

---

11 니오라쩨, 『시베리아 諸民族의 原始宗教』, 李弘稙 譯, 新丘文化社, 1976, p. 49.

던 어느 때 지구가 불덩어리가 되어 그곳에 있던 모든 생명체가 불에 타서 재가 되었다. 천상의 별인 낙타와 소가 이 광경을 내려다보다가 깜짝 놀랐다. 잿더미 속에 살아남은 자가 있는 것이다. 그것이 메친임을 알았다. 낙타와 소가 이렇게 말했다. 아니 세상에 죽음을 초월한 자가 있다니, 이게 될 말인가.

낙타가 메친을 죽이기 위해 지상으로 내려가 자신의 허약한 다리로 잿더미에 묻힌 벌레를 질근질근 밟았으나 메친은 꿈적도 않는다. 그러자 소가 낙타를 비웃으며 듬직한 발로 잿더미 속을 밟았다. 메친은 별 수 없이 가루가 되었다. 하지만 그것도 잠시다. 가루가 된 메친은 죽은 것이 아니고 살아서 소의 몸속으로 파고들어가 여기저기를 휘저었다. 소에게는 견딜 수 없는 고통이다. 소는 몸을 뒤틀며 이를 견디려 했다. 드디어 가루가 된 벌레는 고통으로 빨개진 소의 눈으로 빠져나와 하늘로 올라가 한곳에 모여 묘성昴星이라는 이름의 별무리를 이루었다.[12] 실제로 천문학들이 보여 주는 천문도에는 묘성이 수소좌 안에 들어 있다. 이를테면 수소좌의 어깨나 목 언저리에 묘성이 겹치고 있다.

알타이 샤먼이 전하는 메친의 뜻은 불의 씨다. 우리의 무가巫歌에서는 '좀생이 혼불'이라고 한다. 이 혼불이 밤과 낮의 길이가 똑같아지는 춘분날에 지상으로 재림한다고 믿는다. 춘분은 빛生과 그림자死가 대결하는 시간이 아니라 그 경계가 사라지는 시간이다. 신화학에서는 이를 풍요와 다산의 시간으로 모든 갈등이 없어지는 시간이라 규정한다. 샤먼은 이 시간에 좀생이 혼이 지상으로 내려와 위대한 인간으로 부활한다고 믿는다. 뒤에 이는 미륵신앙과 결합한다.

이 이야기는 불에도 타지 않고 가루가 되어 소의 몸으로 들어가 기생하는 좀생이가 오늘의 물리학이 말하는 우주원자나 소립자이론과 대응된다. 좀

---

12 Uno Harva, 앞의 책, pp. 180–183.

생이가 가루가 되어 하늘에 올라가 묘성이 되었다는 신화는 시베리아의 모든 샤머니즘에 전해지고 있다. 샤머니즘이 우주에 원초적으로 존재하는 신령神靈을 숭상한다는 것을 말해 준다. 이는 지동설시대에 플라톤이 언급한 영혼불멸설과 다르지 않다. 그는 좀생이 혼을 프시케Psukhe라고 말했다. 프시케는 지상에 내려와 철학자가 되고 왕이 되어 선한 통치를 한 다음 죽어서 다시 하늘로 되돌아간다고 말했다.

6. 새벽별과 비너스

샤머니즘의 주신은 새벽별 금성이다. 샤먼이 놋쇠 무구巫具를 사용하게 되는 이유와도 무관하지 않다. 금성이 생명의 신이기 때문이다. 샤먼의 제상祭床이 놋쇠그릇으로 채워지는 이유이다. 지중해시대의 비너스가 여신이었다는 사실도 같은 맥락이다. 청동은 좀생이 혼精靈의 상징으로 샤먼이 북두칠성, 금성, 묘성과 영적인 통신을 하는 매체이다. 천문학의 의미가 금성에서 기원한다는 사실은 우연이 아니다. 영어에서 천문학을 뜻하는 Astronomy의 어원은 라틴어의 별 astro이지만, 이 말의 기원은 금성金星이다. 금성은 바빌로니아어로 이수타르Ishtar, 페니키아어로 아스타로트Ashtarot이다. 이 여신의 고고학적인 기원은 기원전 3천 년경 유프라테스강가에 있는 마리산mari에 있었던 아스타르신전으로 알려져 있다.

기원전 5세기의 그리스 철학자 아리스토파네스Aristophanes는 점성술과 천문학은 동의어라고 말했고, 플라톤도 금성문명을 'Astrology'로 통일하려 했으나, 뒤에 이 말은 별의 점星占이라는 의미로 굳어져 버렸다.[13] 샤머니즘의 본

---

13 Joseph Needham, 『中國の科學と文明』, 礪波護·杉山李郎(外) 譯, 思索社, 1983.

질상 불 속에서도 타지 않는 정령精靈이 있다는 사실을 깊이 이해하기 위해서는 청동기의 특별한 성분에 주목해야 한다. 청동기에는 구리와 아연亞鉛과 주석朱錫이 섞여 있다. 아연이나 주석은 모두 유전자의 보존을 돕는 특별한 성분을 갖는 물질이다. 도교가 전하는 불로장생약의 비법에도 아연이나 주석이 있다. 최근에 분자생물학자로 샤머니즘 연구에 동참한 제레미 나비Jeremy Narby가 '샤머니즘에 유전자DNA 조작기술이 있다'고 선언한 것은 이런 정황을 대변해 준다. 이는 샤머니즘의 주제에 왜 청동이 관여하는지를 말해 주는 것이기도 하다.

새벽별 금성은 북두칠성과 묘성昴星과 함께 삼합三合이라고 한다. 이 별들은 지상의 생명과 그 혼을 지배하는 정령의 고향이다. 위대한 인물들의 유전자는 그곳에서 지상으로 내려왔다가 다시 되돌아간다. 샤먼은 놋쇠그릇(향로香爐)에 향을 피우고, 놋쇠로 만들어진 촛대에다 불을 밝힌다. 하늘이 점지한 아기가 태어날 때도 산신할멈은 아기를 놋쇠대야에다 받는다. 놋쇠대야는 생명의 물이 담기는 그릇이다. 알타이 타타르의 샤먼도 생명수의 원천은 '삼천三天'이고 그 삼천의 생명수가 인간의 선조라고 믿는다.[14] 삼천은 '삼신三神'이고 해, 달, 금성이 동시에 나타나는 것은 부조리不條理의 드라마인 것이다. 불(해)과 물(달), 생과 죽음, 혹은 빛과 그림자라는 두 모순에 새벽별이 끼어들면서 하나의 공시태共時態를 연출하기 때문이다.

비너스는 우리 무가에서 만명신萬明神이라고 한다. 아카마츠와 아키바가 조사한 『무가열두거리』의 만명萬明조에는 이 신의 이름을 '만신신주대신만명萬神神主大神萬明'이라고 기록하고 있다. 비너스인 '만명'이 모든 신 중의 주신이라고 한 것이다. '만명'의 '만萬'은 만卍으로도 쓰는데, 그 뜻은 '자전·공전하는 지구의 중심축에서 발생하는 회오리 현상'을 가리키는 부호이다. 또 '명明'

---

14 Dordji Banzarov, 『シャマニズムの研究』, 白鳥庫吉 譯, 新時代社刊, 1971, p. 68.

은 해日와 달月이 동시에'라는 뜻의 공시태를 나타내는 새벽별金星의 의미이다. 샤머니즘이 두 모순을 껴안는 중간자의 이데올로기임을 말해 준다. 실제로 천문 관련 문헌에는 금성이 명성明星으로 기록된다. 이 별이 매년 춘분의 새벽과 추분의 저녁하늘에 나타나면서 '개밥바라기'의 닉네임을 얻게 된다. 금성은 그리스시대에는 아프로디테Aphrodite, 이집트에서는 이시스Isis, 바빌로니아시대에는 이슈타르Ishtar라고 불렀다. 샤머니즘의 옛 문헌『환단고기桓檀古記』에는 금성을 '새벽하늘에 뜨는 영성靈星'이라고 기록하고 있다.

　금성이 지구와 교차하면서 두 개의 만자卍字를 탄생시킨다는 사실은 15세기의 이탈리아의 의사였던 코페르니쿠스가 발표한『회전』이 말해 준다. 실제로 이 천문학의 교리는 이미 바빌로니아시대에 보편적으로 믿었던 천문학의 교리이다. 이런 사실들은 19세기 중반 고고학자들이 점토판을 발굴하면서 이미 널리 알려진 바다. 점토판에는 금성에 대한 정보가 각인되어 있었기 때문이다. 이탈리아의 기독교 신부였던 쿠글러F. X. Kugler는 이런 자료들을 근거로 금성이 지구와 교차한다는 사실을 소상하게 밝혔다. 그는 "금성이 뜰 때 해와 달이 동시에 나란히 한 세트가 된다"고 썼고, 이 사실을 상세한 목록으로 만들어 세상에 알렸다. 쿠글러는 실제로 금성이 지평선에 나타날 때 태양이 그 아래 정확히 몇 도에 있는지 부감俯瞰했을 뿐만 아니라 그 도수를 실제로 관측했다. 그는 금성과 지구가 두 차례 교차하는 것을 외합外合과 내합內合이라고 했는데, 이때 그 각도에 서로 차이가 난다는 사실도 확인했다. 금성은 화성 다음에 태양을 도는 지구의 내행성內行星이다. 이 정황을 참고하면, 그가 말하는 외합이란 지구가 춘분점에서 바야흐로 자전의 움직임을 오른쪽으로 틀 때 가까워지는 상황이고, 내합은 그 6개월 후인 추분점에서 지구가 자전의 움직임을 안쪽으로 기울게 되는 상황이다. 현대 천문학은 이 문제를 무시하고 지구가 통상적으로 23,5도로 안쪽으로 기울인 상태로 돈다고 말한다. 이 점이 샤머니즘이 인식하고 있는 천문학, 점성술과 다른 점이다.

수메르 바빌로니아시대의 천문학이 그랬듯이 그들의 천문학은 단순한 과학적인 인식에 그치는 것이 아니고 농사를 위한 기상예보 등 인간의 실생활에 적용하는 것에 중요한 목적이 있다. 이 때문에 외합과 내합의 상황을 관찰하는 것이 매우 중요한 일이 되는 것이다. 새벽별을 보는 것은, 지구의 자전·공전의 이치에 따라 빛과 그림자가 혹은 음과 양기가 어떻게 서로 시소게임을 하며 인간의 삶에 영향을 미치는 지를 관찰하는 일인 것이다.[15]

7. 샤먼의 삼신맞이와 북치기

무가에서는 삼신三神을 산신産神이라고도 한다. 이는 삼신이 다산과 풍요의 여신 비너스를 말하기 때문이다. 엘리아데에 의하면, 삼신의 삼수三數는 샤먼의 신성한 성수聖數로, 우리 무속에서는 해와 쪽달三日月과 새벽별金星이 한 무대가 되는 상황이다. 무가는 이 삼신을 만명신卍明神이라고 한다. 만卍은 회오리回이고, 명明은 금성으로 빛과 그림자가 합친 이미지다. 삼신은 낮과 밤, 빛과 그림자가 같은 장소를 차지하는 4차원적인 이미지다. 우리가 살고 있는 우주에서 금성은 해와 달에 이어 세 번째로 밝은 별이고 지구의 안쪽으로 도는 내행성內行星이다. 이런 상황 때문에 샤먼은 금성이 춘추분점春秋分点에 지구와 교차할 때 지구에 태양과 달의 바람을 몰고 온다고 믿는다. 이 교차점이 샤먼들의 신년tropical year으로 음력 3월 21일이다.

신년이 3월 21일인 이유는 이 날의 밤과 낮의 길이가 정확히 2등분되기 때문이다. 서양의 이분법적인 가치관으로 말하면 선과 악의 대립이 사라지는 시간이다. 퉁구스족의 샤먼은 금성이 뜨는 새벽에 요란하게 북을 두드린

---

15 藪内淸, 『歷史はいつ始まつたか』, 中公新書, 1980.

다. 이때 샤먼은 곰의 가죽으로 만든 의상을 걸치고 이마에다는 곰의 가면을 장식하고 머리에는 거대한 사슴뿔을 단다. 곰과 사슴뿔은 북두칠성大熊座의 상징이다. 부리아트 샤먼들의 전설에서는 춘추분점에 동북쪽의 하늘과 서쪽 하늘에 샛별(금성)이 뜬다고 하고, 금성을 가리켜 '아침이나 저녁에도 볼 수 있는 별Solbon'이라고 한다. 솔본은 하늘의 왕별이다.[16] 엘리아데는, 시베리아 샤먼이 북을 치는 이유가 영성靈星의 혼과 접촉하기 위해서라고 한다.[17] 영적인 혼이 해와 달과 새벽별 그리고 묘성이 있는 하늘에서 내려온다고 믿는 것이다.

중국은 샤머니즘을 동이東夷라고 적는다. 『삼국지三國志』에 보이는 동이에 관한 기록에는 동이들이 정령을 맞이하는 축제를 소도蘇塗에서 행한다고 했다. 소도에는 방울과 북을 걸어 놓는 신수神樹가 있으며, 춘분날에 삼신이 나타나면 무당은 걸어 놓았던 북을 치고 방울로 진동음을 울린다고 했다. 앞에서 언급했듯이 동북아 샤머니즘에서 신년은 춘분이다. 『황금가지』로 유명한 제임스 조지 프레이저James George Frazer에 따르면 동부 시베리아 퉁구스 샤먼은 곰의 토템을 숭배하여 매년 정월에 곰제熊祭를 지낸다고 한다. 새해맞이 축제가 정월인 것이다.[18] 축제가 열리면 사람들은 곰을 해체하여 피와 내장을 축제의 참가자들에게 나누어 주고 처녀들은 신성한 말뚝 앞에서 춤을 추었다. 곰축제가 일본의 아이누족의 풍습에서도 나타난다는 사실은 잘 알려져 있다. 미국의 초기 신화학자 제니 엘렌 해리슨Jene Ellen Harrison은 이 축제를 '봄의 소생을 염원하는 의식이라고' 했다.[19] 샤먼이 곰을 북두칠성의 도상기호로 신성시했음을 말하는 것으로 곰축제 역시 천문학의 풍속임을

16 Uno Harva, 앞의 책, pp. 182-183.

17 Mircea Eliade, 앞의 책, pp. 211-213.

18 제임스 조지 프레이저, 『황금의 가지』, 김상일 역, 을유문화사, 1969, pp. 52-55.

19 Jene Ellen Harrison, 『古代藝術と祭式』, 佐佐木里 譯, 筑摩書房, 1976, pp. 81-82.

말해 주는 것이다.

무가열두거리그림巫歌十二祭次圖은 굿의 서막에서 '부정풀이'굿을 한다. 여기서 부정不淨이라는 말은 불교 용어로 말하면 무명無明의 뜻으로, 무당이 왜 굿을 하는지 그 뜻을 알리는 제의祭儀이다. 이 굿판에는 장고太鼓, 바라, 징, 해금, 피리 등 모두 다섯 종류의 악기 연주가 시작된다. 이들 다섯 종류의 악기가 만들어 내는 진동음振動音은 샤머니즘 고유의 음악이다. 진동음은 인간의 음악이 아니고, 샤먼이 사는 낙원에서 좀생이 혼이 사는 북극권으로 보내는 하늘의 음악이다. 샤먼은 지구의 자전축을 낙원이라고 말하고 북두칠성이 있는 북극권을 천국이라고 말한다.

한국의 무속에서 북은 일반적으로 경전明經을 읊거나 무가를 부를 때 치므로 법고法鼓라고도 부른다. 30년대에 아까마츠와 아키바가 조사한 자료에는 샤먼 경전에 팔괘河圖의 이치가 적힌 것으로 나타난다. 복희가 만들었다는 이 팔괘는 사실상 지구가 자전하면서 공전하는 1년의 사이클을 24절기와 27절후로 나누어 놓은 달력이다. 실제의 농사와 사람농사를 점치는 근간이다.

샤먼의 북치기는 엇박자다. 엇박자를 우리는 세마치장단이라고도 한다. 세마치장단은 세 박자 중의 끝 박자를 쉼 박자默音로 만들어 미묘한 긴장감을 만들어 낸다. 첫 박자는 빛陽이고, 두 번째 박자는 그림자陰이고, 엇박자는 그 두 개를 껴안는 새벽中性의 박자다. 세마치장단이 말을 타는 리듬이라는 사실은 우연이 아니다. 샤먼은 지구가 달리는 것을 날개 달린 말(페가수스)로 비유한다.

샤먼의 북은 바빌로니아 문명시대의 서사시인 「길가메시 영웅이야기」에 등장한다. 이 시가에서도 북은 금성의 여신 인안나의 심벌이며, boko라는 이름으로 기록된다.[20] 우리가 북이라고 부르는 이 북의 원형은 기원전 5-3

---

20 G. S. Kirk, *Myth, Its Meaning and Functions in Ancient and Other Cultures*, Cambridge:

세기경의 무덤인 중앙아시아의 파지리크분묘(투루크메니스탄)에서 발견된 바 있다. 무덤에서 발굴된 이 북의 이름은 우리가 말하는 북과 마찬가지로 buku인데, 이는 샤머니즘의 이동경로를 추정케 하는 자료가 된다.[21] 샤머니즘의 역사가 서아시아에서 중앙아시와 그리고 시베리아, 동북아시아의 낙원이라고 불리었던 지역에서 동서 양쪽으로 이동했음을 보여 준다.

장고의 몸통은 옹기로 만든다. 일본의 아마테라스여신의 별칭은 옹기甕器이다. 장고의 몸체가 옹기인 것은 특별한 의미가 있음을 말해 준다. 옹기도 구리와 마찬가지로 불에서 탄생한다. 좀생이의 신화와 무관하지 않는 것이다. 고고학자들이 파내는 무덤에는 고고학의 연대기를 비웃듯이 언제나 청동기와 옹기(토기)가 동거하고 있다. 우연한 현상이 아닌 것이다. 구리와 옹기가 북두칠성이 있는 우주로 보내는 음파(진동)의 텔레파시가 되는 근거다. 샤먼은 구리악기를 두드리며 옹기로 만든 장독대 앞에서 물그릇을 놓고 손빔을 한다. 「예악」에서는 옹기로 만든 악기에서 나는 소리를 토음土音이라고 했다. '토土'는 주역에서도 빛과 그림자가 교환되는 '화和'의 의미이다.

부정풀이굿에 등장하는 악기 중에는 소의 음낭처럼 생긴 것이 있다. 한자로는 훈壎이며, 무속에서는 '질나발'이라고 한다. 질이 바로 질그릇이고 옹기이다. 이 소리는 새벽의 숲속에서 귀신이 우는 소리처럼 들린다. 질나발 악기는 바빌로니아시대의 샤먼들에게도 있었다. 그들은 이 소리를 '우주산寺院'에서 불어오는 '바람嵐소리'라 했으며, 그것이 '천상과 지상을 잇는 고리'라고도 했다.[22] 시베리아 샤먼들도 새벽별이 나타날 때 바람을 몰고 온다고 믿었다. 이 바람소리가 봄을 가져오기도 하고, 가을의 찬바람을 몰고 온다고도 믿었다. 바람소리는 어떤 특정한 방향으로 움직이는 소리가 아니라 그릇 속에 갇

Cambridge University Press, 1970, p. 146.

21 Hans Findeisen, 『靈媒とシヤマン』, 和田完 譯, 冬樹社, 1977, p. 120.

22 Mircea Eliade, 앞의 책, pp. 342-344.

혀서 웅얼거리는 진동소리다. 장자莊子가 『외편外篇』에서 바람소리를 우주의 호흡이라고 한 말도 참고할 만하다.

소리를 나타내는 글자 음音은 아래쪽의 해日와 위쪽의 '일어서다立' 동사가 서로 결합되어 있다. 이 글자 의미소意味素의 상하 위치를 바꾸어 놓으면 '익昱'자가 된다. 이 글자의 뜻은 '이미 해가 떠오른 상태'이다. 이렇게 보면 '음'은 해가 뜨는 소리를 지칭하는 것으로, 사실상 샤먼이 북으로 맞이하는 새벽을 가리킨다고 말할 수 있다. 『설문』에서 '음'을 '궁상각치우'의 오음五音이라고 한 것은 샤먼의 북소리, 이른바 부정풀이굿의 진동소리 총체를 지칭한다고 말할 수 된다. 오음은 소리의 공시태共時態다. 소리가 폐쇄된 공간(그릇)에 갇혀서 자유롭게 이동하지 못하는 상황이다. 이는 샤먼의 판소리가 기본적으로 우주음악이고 그 본질이 진동음이라는 사실을 말해 준다. 또 '익'은 해가 돋는 소리日立聲라고 했다. 불경은 새벽별明星을 관세음觀世音이라고 하여 소리의 정의가 엉뚱하다. 이를테면 소리를 듣는다가 아니고 본다고 한 것이다. 소리가 천문학과 무관하지 않음을 말해 준다. 불교 이전의 『리그·베타경』은 이 진동음을 Om, Aum이라고 하였으며, 힌두는 이를 해와 달이 겹쳐진 그림문자로 표시하였다. 그 뜻은 '모든 말을 뛰어넘는 신은 Aum이고, 이 소리(말씀)는 나누어지지 않는다'이다. 샤먼의 진동음도 듣는 소리가 아니라 보는 소리라고 할 수 있다.

8. 샤먼은 우주음악을 연주한다

한국의 샤먼은 경전을 읊거나 굿을 할 때 북과 함께 징이나 꽹과리를 요란하게 울린다. 징이나 꽹과리는 모두 구리銅로 만들었는데, 일명 명두明斗라고 한다. 명두에는 북두칠성과 금성이 새겨져 있다. 우랄알타이 샤먼의 북과 다르지 않다. 샤먼은 구리로 만든 징을 '꿍메기', '꿍과리'라고도 부른다. '꽹과리'의 첫소리 '꽹'을 한자에서 찾으면 '쇠북소리 꿍鉱'자와 '북소리 꿍鐘'자가 된다. 쇠북소리의 '꿍'은 말을 품는다고 하여 진동음을 그린다. 북소리는 하늘의 별皇소리를 의미한다. 북과 놋쇠악기銅鼓가 모두 좀생이(묘성)의 혼불과 소통하는 소리임을 암시한다. 이는 마치 애기가 울면 어미가 조건반사적으로 젖을 물리는 모성애와 다르지 않다. 아기의 울음소리가 꿍인 것이다. 아키바류가 조사한 바에 의하면, 꿍메기의 '메기'는 한자로 '매귀埋鬼'라고 쓴다.[23] 한자풀이로 말하면 '묻혀 있는 귀신'이다. 앞에서 보았듯이 시베리아의 샤먼들은 이 귀신을 좀생이mechin 벌레라고 했다. 현대의 샤머니즘 연구자인 제레미 나비는 이 좀생이의 개념을 DNA로 해석하고, 샤먼이 DNA를 알고 있었다고 주장했다. 좀생이 귀신이 우수 DNA인자인 것이다. 샤먼은 이를 '묻혀 있는 귀신埋鬼'이라고 믿는 것이다. 북은 가죽과 나무통으로 만들어지기 때문에 일단 소리는 북 속에 갇혔다가 나온다.

'꽹과리'는 '꿍메기'라는 소리와도 크게 다르지 않다. '가리'는 우리말 대갈頭의 '갈'이며, 이 '갈'이 돔Dome과 같이 모양새가 구체球体임을 의미한다. 꽹과리는 소리가 그릇 안에 갇혀서 진동음을 만들어 내는 공간을 가진 악기임을 말한다. 굿판에서 두드리는 바가지장단으로 이어진다. 샤머니즘에 이어서 일어난 기독교 음악에서도 진동음은 신성한 예배의 중심에 있었다. 중세돔 성당의 찬트예배는 합창대의 허밍 코러스다. 삼화음 칠음계三和音七音階라는 한계가 있지만 돔이라는 특수한 폐쇄공간을 이용하는 진동음의 잔치라할 수 있다. 간단히 말하자면, 바가지장단의 원리인 셈이다. 바가지가 대가리이고, 그 대가리 안에서 진동음이 만들어진다. 진동음의 모범적인 악기는 에

---

23 秋葉隆, 『朝鮮巫俗の現地研究』, 名著出版, 1980, pp. 132-135.

밀레종이다. 에밀레종은 33번을 친다. 33은 33천三十三天의 의미이다. 에밀레종이 울리는 진동음은 아기가 어미를 부르는 옹알거림과 다르지 않다는 사실도 우연이 아니다. 아기와 어미 사이에 진동음이 있다는 뜻이다. 에밀레종이 33번 울리는 것은 경성열두거리의 가사 33천의 의미와 다르지 않다.

시베리아 샤먼이 사용했던 북 가운데 가장 오래된 것은 1928년에 북 시베리아의 가라해海(오레니섬)에서 발굴된 두 개의 북이다. 타원형으로 생긴 이 북의 안쪽에는 샤먼의 본질이 무엇인지를 말해 주는 그림이 그려져 있다. 우노 하르바Uno Harva는 이 그림을 '하늘의 여러 신령神靈을 불러 모으는 우주의 축도縮圖'라고 했다.[24] 그는 샤머니즘이 지동설의 세계관을 실천하는 종교임을 알지 못하여 다소 애매모호한 설명을 했지만, 실제의 그림에는 한쪽에 태양, 달, 별들이 그려져 있고 말을 탄 영웅들이 앞다투어 그 별들을 활로 쏘는 장면이 그려져 있다. 세계의 신화에서는 활과 사냥이 영웅의 메타포가 된다.

시베리아의 오레니섬에서 발굴된 이 북을 직접 조사했던 요하네스 쉐퍼J. Scheffer는 북 안에 그려진 그림에서 태양이 샤먼의 원형圓形신앙과 밀접한 관계가 있다고 진술했다.[25] 원형을 태양의 도상으로 본 것이다. 시베리아 예니세이족의 샤먼이 치는 북은 우리의 북과 마찬가지로 원형으로 북의 바깥쪽에 그림이 그려져 있다. 이 그림은 일종의 천문도로서, 중심부에 한 인물이 머리에 다섯 개의 솟대를 달고 있고 그 머리 양쪽에 해와 달이 그려져 있다. 또 달의 아래쪽에는 예니세이 샤먼들이 카이kai라고 부르는 벌레가 그려져 있다. 이것이 좀생이 혼들이 모여 있는 묘성임을 암시한다. 북의 안쪽에는 좌우에 북두칠성을 암시하는 반원형 도상이 그려져 있다. 한쪽에는 세 개, 반대

---

24 Uno Harva, 앞의 책, p. 471.

25 J. Scheffer, 『永遠の現在』, 江上波夫·木村重信 譯, 東京大學出版會, 1968, pp. 153-154.

쪽에는 네 개가 그려져 있으며, 반원 속에는 각기 곤충이 한 마리씩 그려져 있다. 이는 생명의 씨앗이 북두칠성에 있다는 뜻으로 읽을 수 있다. 주목할 것은 머리에 다섯 개의 솟대를 꽂고 있는 중심에 그려진 인물이다. 이 인물은 샤먼이 사는 지구이고, 5수는 지구의 중심인 자전축의 의미다. 샤먼이 점을 치는 역수易數에서는 오십토五十土의 이미지다. 이곳이 새벽별이 뜨는 춘분의 하늘이다. 이들 자료들은 경성열두거리의 천문학의 주제와 궤를 같이 한다는 것을 보여 준다.[26]

9. 지동설과 샤먼의 청동거울

무가열두거리의 '용왕굿'에서는 제단에다 청동거울을 모셔놓는다. 이 거울을 천경天鏡, 성경星鏡, 혹은 신경神鏡이라고 한다. 천경이나 성경은 모두 하늘의 별자리와 관련된 말이다. 신경은 거울에 방울을 매달아 흔들 때마다 소리를 낸다. 거울은 흔드는 거울鳴金과 신당神堂에 모시는 거울로 구분된다. 시베리아 야크트 샤먼의 거울은 둥근 철판으로 만든 것인데, 그 거울에는 낙서처럼 보이는 수많은 별자리가 새겨진다. 샤먼의 거울은 지구의 자전·공전의 궤도를 들여다보는 제의적인 거울인 것이다. 엘리아데는 시베리아 퉁구스 샤먼의 중요한 무구인 거울을 파나푸트Pana-pt라고 한다. 그것을 '세계를 보는 도구', '정신을 집중하는 도구', '정령을 모시는 도구'로 생각한다고 전하고 있다.[27] 이는 중앙아시아에서 발트해 연안에 이르는 모든 샤먼들의 공통된 개념이기도 하다. 세계를 본다는 말은 점을 치는 일과 같다. 청동거울은 둥글다. 그 둥근 공간은 우주이다. 한국의 샤먼은 이 거울 속에 복희伏羲의 팔괘八卦가 들어

26　니오라쩨, 『시베리아 제 민족의 원시종교』, 이홍식 역, 신구문화사, 1976, p. 111.

27　Mircea Eliade, 앞의 책, p. 196.

있다고 생각한다. 따라서 샤먼이 거울 속으로 들어가 여행한다는 이야기도 우리가 사는 이승已乘에서 저승底乘으로 들어가 여행한다는 의미와 다르지 않다. 이승은 우리가 타고 있는 지구이고 저승은 지구가 공전할 때 나타나는 궤도를 말한다. 샤머니즘에서는 중생을 운명적으로 지구를 타고 저승을 빙빙 도는 존재라고 규정한다. 이는 불교가 깨닫는 일을 일승一乘이라고 하는 것과도 다르지 않다. 깨닫는 것을 '탔다'고 말하고 있다. 즉 샤머니즘에서는 이승은 사람들이 타고 있는 그릇이고, 저승은 그 사람들이 죽어서 가는 지하의 세계로 본다. 이는 시베리아 샤먼들이 백白샤먼과 흑黑샤먼을 이야기하는 근거이기도 하다. 지동설로 보면 지구의 공전궤도가 저승이다. 샤머니즘은 이 양자의 세계를 이분법이 아니라 공시적共時的으로 체험하는 일이다.

샤먼의 거울 속에는 하늘을 나는 용이 있다. 지구의 자전·공전하는 모습이다. 샤먼은 이 나는 용을 투시하며 그 골격을 본다. 용의 골격은 24절기節氣로 용의 머리에서부터 꽁지까지가 1년의 24절기가 되는 셈이다.

우랄알타이 샤먼은 온 몸에 거울장식을 단다. 우노 하르바는 이들 거울이 샤먼의 제왕帝王적인 풍속의 유물이라고 한다.[28] 제왕이라는 말은 제석으로 하늘에 제천의식을 하는 왕이다. 이것이 『제석거리』의 주제인 것이다.

우리에게 익히 알려진 고려시대의 무경인 청동거울에는 두 마리의 용이 서로의 꽁지를 물려 회오리치는 모습이 새겨져 있다. 중심에 고리가 있고 그 둘레에 12시간을 뜻하는 12개의 잎사귀가 새겨져 있다. 또 중심부에는 24개의 꽃잎이 새겨져 있는데, 이것은 24절기를 의미한다. 두 마리의 용은 각기 4개의 다리를 가졌는데, 이것은 4계절을 의미한다. 또 두 마리의 용은 서로의 꼬리를 물고 비틀어지는 모양새로, 한쪽은 등을 밖으로 향하고 있고 또 다른 쪽은 배를 바깥쪽으로 향하고 있다. 그 모양새는 그대로 뫼비우스의 띠다. 이것이 바로 샤먼이 점을 치는 팔괘八卦의 원리이고, 우리가 일상적

---

28 Uno Harva, 앞의 책, pp. 165-166.

으로 감지하지 못하는 지구에 투영되는 빛과 그림자의 드라마다. 이는 샤먼의 관심사가 4차원적이고 그 4차원이 다름 아닌 지구가 자전하면서 공전하는 원리라는 것을 보여 준다.

두 마리의 용은 팔괘가 네 개씩 나뉘어 배치되어 있다. 이는 지구의 사계절이 순환하는 이치이다. 무당은 양손에 이 구리거울을 잡고 제금을 두드리며 진동음을 낸다. 이를 무가열두거리에서는 신사神事라 하고, 거울을 천문경天文鏡이라고 한다. 천문경은 천문을 본다는 뜻이다.

고대 바빌로니아시대의 천문학 상황이 3세기의 『헤르메스문서文書』에는 이렇게 적혀 있다. 세계의 시원始原에 서로 대립하는 두 원리, 즉 빛과 어둠이 있으며 이 둘이 휘어서 하나의 뱀Ouroboros이 된다. 빛과 어둠은 다시 네 개로 발전하여 불, 공기, 흙, 물의 4원소가 되고, 4원소는 다시 봄, 여름, 가을, 겨울이 된다. 이 기록에서 두 마리의 용이 서로의 꽁지를 물고 있다는 상황은 그대로 고려 청동경의 이미지와 다르지 않다.

샤먼의 거울이 구리靑銅로만 만들어진 이유에 DNA인자설이 있다는 사실은 앞에서 언급한바 있다. 샤먼은 구리에 빛(좀생이 혼)을 잡아두는 성분이 있다고 믿는다. 가야나 고령지역에서 발굴된 놋쇠거울에서도 '일월칠성日月七星' 혹은 '일월대명두日月大明斗'라는 글자를 발견하게 된다. 일월은 해와 달이고, 칠성은 북두칠성이다. '대명두大明斗'는 삼신三台인 해와 쪽달과 새벽별이다. 옛 문헌에는 새벽별을 계명성啓明星이라고 썼다.

우리 기록에는 무당이 명두(거울)로 만명신萬明神을 받든다고 했다. '만명萬明'의 '만萬'은 산스크리트어의 'man'인데, 이를 '만卍'이라고 쓴다. '만명신'은 지중해시대의 비너스 여신이다. 성황당에 걸린 둥그런 청동거울은 '만卍'이고, 거울의 주인은 비너스 '만명'이 되는 것이다. 아카마츠나 아키바도 거울天鏡을 '여신의 얼굴'이라고 했다.[29] 우리 무속에서 무당이 새벽하늘에 북 대신 칠

---

29 秋葉隆, 앞의 책, p. 130.

성명두七星明斗를 두드리며 금성을 맞이하는 의식은 시베리아 제 샤먼 풍습과
도 다르지 않다.

고려 청동경과 같은 거울은 일본의 정창원正倉院에서도 발견된다. 거울의
명칭은 쌍용문경双龍紋鏡이다. 신도神道는 쌍용을 아마테라스 여신의 신체라
고 말한다. 고려시대의 청동거울에는 두 마리의 용이 하늘을 나는 모양새가
그려져 있지만, 이 거울은 두 마리의 용이 날지 않고 한 쌍으로 서로의 목
을 감고 늘어진 모양새다. 주목할 부분은 거울 둘레에 새겨진 팔괘다. 아카
마츠와 아키바가 조사한 한국의 무속에서는 복희伏羲가 그렸다는 팔괘가 샤
먼 경전巫經의 주제이다. 팔괘는 지구의 자전·공전 궤도를 부호卦로 나타낸
것으로, 샤먼들이 점을 치는 성전이라고 했다. 흥미로운 것은 두 마리의 용
이 서로의 꼬리를 물고 나는 것이 아니라 서로가 목을 감고 엉켜 있다는 사
실이다. 이것은 지구가 자전하면서 공전할 때 지구에 투영되는 그림자와 빛
의 위상이 서로 증감하면서, 춘추분점에서 지구가 방향을 틀며 뒤바뀌는 상
황을 암시한다. 이것이 복희가 그렸다는 팔괘의 원리이자 샤먼 경전이 전하
는 점성술의 비의秘意이다. 지구가 궤도의 춘분점에 왔을 때는 빛과 그림자
의 길이가 똑같다. 타원궤도의 가장 긴 양쪽인 하지점에서는 빛이 3:2로 증
가되고, 동지점에서는 그림자가 3:2로 증가된다. 샤먼은 이 비례의 변화에 인
생만사의 운명이 좌우된다고 믿는다. 이것이 샤머니즘이 생각하는 지동설이
다. 하지는 지구가 태양과 가장 가까이 접근할 때이고, 동지는 그 반대로 지
구가 태양과 가장 멀리 떨어져 있는 상황이다. 이런 상황은 지구의 궤도를 이
해하지 못하면 실감할 수 없게 된다. 『일본서기』에는 옹기의 여신 아마테라
스신 자신이 보배거울을 아들에게 전하면서 이렇게 말한다.

　내 아들들아, 이 보배거울 보기를
　마치 나를 보는 듯이 하고

같은 집에 모셔 놓고 살며
재를 올릴 때 쓰는 거울로 삼아라.

거울이 '재齋'를 올릴 때 쓰는 물건임을 말하고 있다. '재'는 천제天祭라는 말로, 샤먼이 금성이 나타나는 정황을 관찰하는 의식이다.

1930년대에 아까마츠와 아키바가 조사한 한반도의 무당들이 사용했던 무경巫經은 대부분이 용경龍經, 용왕경龍王經, 명경明經이라는 이름으로서, 그 내용은 복희의 하도河圖와 주역周易의 64괘가 점의 원리가 주를 이룬다. 하지만 발굴자들은 이것들을 모두 점치는 원리로만 알고, 지구의 자전·공전 원리라는 사실은 간과했다. 용의 천문학적인 메타포를 이해하지 못했기 때문이다.

우리에게는 학계가 백안시하는 고대사에 관한 기록이 있다. 통상은 '환단고기'라고 부른다. 여기서 이 자료에 대해 언급하지는 않겠지만, 이 글의 주제가 되는 용에 대한 정보가 이곳에 있다는 사실은 간과할 수가 없다. 이 자료에는 '용龍을 역易의 옛 글자'라고 기록하고 있다. '역'은 지구가 1년간 태양을 도는 날짜이자 나날이 변화하는 기상조건을 나타내는 시간표이다. 1930년대 유럽학자들에 의해 조직되었던 '바빌로니아학회'는 용의 연구가 주목적이었으나, 그들은 용의 개념이 지동설에서 비롯된 역서라는 사실을 알지 못했다. 그들이 용의 본 의미를 알았다면 샤머니즘의 정체는 벌써 밝혀졌을 것이다. '역易'은 농경시대의 컴퓨터이지만 샤먼에게는 인생의 길잡이(사주팔자)의 비결이다. 하지만 우리는 이 역을 몇 장의 종이에다 인쇄하여 한 눈으로 본다. 지동설이 한 장의 종이 위에서 숫자의 나열로 생략되어 버린다. 그러니 샤먼의 신인 하늘을 나는 용이 설령 지구의 자전·공전의 메타포가 된다고 해도 오늘의 우리는 놀랄 일이 아니다.

지동설문명이 바빌로니아시대를 지배한 우주원리라는 사실은 상식이다.

바빌로니아의 창조신화에 주신主神 마르두크가 달력Calendar의 신으로 추앙하되 것도 그렇다. 바빌로니아의 천문학을 배운 그리스인이 마르두크를 용龍이라고 불렀다는 사실도 놀랄 일이 아니다. 용에 대한 그리스어의 본래 뜻은 '보다see, look'이다. '보다'라는 말은 라틴어와 산스크리트어에서 'vid-eo, vid, ved'가 된다.[30] 우리는 점치는 것을 사주四柱를 '본다'고 말한다. 사주는 사람이 태어난 해와 달과 날과 시간을 의미한다. 이는 용을 본다는 의미이고, 지구가 자전하며 공전한다는 뜻이기도 하다.

샤먼이 점을 치는 행위는 하늘을 나는 용의 모습을 비디오처럼 자상하게 보는 행위이다. 오늘의 천문학에서는 지구가 시속 17만km로 달린다고 한다. 용이 그렇게 빨리 달린다는 뜻이다. 지구의 이런 동태를 감시하는 일이 점을 치는 일이라니, 오늘의 상식으로는 받아들이기 힘들다. 불교문헌에서는 용을 가리켜 머리에 세 개의 뿔이 나 있고, 몸에는 9개의 매듭과 24개의 비늘이 있다고 한다. 용은 날개를 가졌지만 네 개의 발로 땅에서도 선다. 용의 머리가 지구이고, 거대한 몸이 공전의 궤도가 되는 것이다. 또 세 개의 뿔은 해와 달과 새벽별의 의미로, 용은 머리가 이승이고 그 몸은 저승길이 된다.

엄청나게 빨리 달리는 지구의 궤도가 저승길이면 그 길은 어떤 상태軌跡가 되는 것일까. 이 물음은 샤먼이 무경이라고 하는 하도河圖의 주제이기도 하다. 하도의 '물河'은 하늘의 물天河이라는 뜻으로 저승길이다. 지구가 하늘의 강을 흘러간다는 뜻이다. 궤도의 메타포라고 할 수 있다. 그렇다면 지구가 달리는 이 길을 정말 아무것도 없는 허공虛空이라고 해야 할까. 실제로 아인슈타인은 지구의 질량이 지구를 둘러싸고 있는 시공간을 휘게 만든다고 했고, 주름 잡힌 이 4차원의 물질에 시공간에는 존재하지 않는 3차원적인 특수한 힘이 자리한다고 했다. 환각처럼 느껴지는 이 힘이 중력重力인데, 그 중력은

---

30 J. E. Cirlot, *A Dictionary of Symbols*, London: Routledge and Kegan Paul, 1981, p. 87.

3차원에서는 어떤 힘으로 나타나지만 4차원에서는 단지 심하게 휘어져 보이는 순수한 가속이라고 했다.[31] 노벨물리학상의 수상자인 카프라Frotjof Cafra는 지구가 다니는 그 길을 동양철학이 말하는 기氣라고 하고, 이를 물리학의 개념으로 가스나 에텔과 같은 것이라고 했다.[32] 모두 귀신같은 이야기지만 샤면이 이를 저승이라고 규정했다는 사실은 놀라운 일이다. 그러니까 지구의 궤도는 자기장磁氣場이라는 이름의 질량으로 가득 차있는 상태로, 그것이 이승에서 저승으로 간 혼백들에 해당되는 것이다. 샤머니즘에 적용하면 이승은 질량덩어리이고 저승은 자기장과 같이 휘어져 있는 곳이다.

10. 이승己乘과 저승底乘

시베리아 샤면들은 굿을 하면서 아홉 개의 금을 새긴 지팡이를 가랑이에 끼고 마치 층계를 밟고 올라가는 시늉으로 천국에 간다고 믿는다. 엘리아데가 강조하고 있는 바이지만, 그들은 3, 5, 7, 9수를 신성수로 여겼다. 3수는 삼신三神이고, 5는 지구의 자전축이고, 7은 그 자전축을 붙잡아 주는 북두칠성이며, 9는 자전하며 공전하는 지구를 가리킨다. 우리가 9를 하늘 구만리九萬里라고 하는 것도 샤면의 언어라고 할 수 있다. 아홉 줄 막대기를 타고 승천한다는 말은 지구를 타고 궤도를 돈다는 뜻이다. 우리의 굿에서도 무당은 빗자루나 먼지털이같이 생긴 긴 지팡이를 들고 춤을 추며, 급기야 이를 사타구니 사이에 끼고 하늘을 달리는 시늉을 한다. 이때 악기는 요란한 진동음을 만들면서 굿의 엑스타시를 높여 준다.[33] 이승과 저승이 보이지는 않지만 하

---

31 Frotjof Cafra, *The Tao of Physics*, Berkeley: Shambhala Boulder, 1975, p. 176.
32 위의 책, p. 238.
33 Mircea Eliade, 『シャマニズム』, 堀一郎 譯, 冬樹社, 1974, p. 510.

나라는 것, 지구라는 맷돌을 타고 메리고라운드놀이처럼 빙빙 돌면서 궤도를 돈다는 것을 보여 주는 퍼포먼스이다.

엘리아데에 의하면 브리야트 샤먼은 나무로 만든 말木馬을 영매靈媒로 삼고 이를 신전에 두며, 제사 때가 되면 이를 밖으로 운반하여 굿(엑스타시)이나 점을 치는 매체로 사용한다.[34] 니오라쩨는 바이칼의 브리야트 샤먼이 말 머리를 새긴 지팡이에 방울과 잡색의 천을 단 지팡이를 잡는다고 했다.[35] 방울은 천상에 보내는 진동신호이고, 잡색의 천은 그리스신화에 등장하는 날개의 말 페가수스와 대응된다. 샤먼은 굿판에서 이 지팡이를 가랑이에 끼고 하늘로 날아올라가는 퍼포먼스를 한다. 알타이 샤먼이 북을 말이라고 부르는 것도 북소리가 달리는 말의 발굽소리로 하늘을 나는 소리라고 믿기 때문이다. 실제로 우리의 북은 세마치장단으로 말이 달릴 때 나는 소리와 다르지 않다. 목마를 타고 하늘을 난다는 사실을 강조한다. 이것은 지동설의 의미이다. 우리의 무경巫經으로 보면, 24절節과 72후候를 둘러보는 저승여행의 과정이다. 실제로 샤먼이 목마를 가랑이에 끼면 참관자들은 앞을 다투어 노잣돈을 바친다.

저승으로 가는 굿을 씻김굿이라고 한다. 굿판에는 긴 삼베천이 등장한다. 하지만 그것이 지구의 공전궤도인 저승을 가리킨다는 사실을 이해하기까지는 시간이 더 있어야 할 것이다. 씻김굿이 시작되면 굿판에는 긴 천을 양쪽에서 잡아당기는 사람들이 등장한다. 시베리아 샤먼은 이를 하늘의 신들이 스키를 타는 길이라고 한다. 무당은 손에 가위를 들고 나타나 춤을 추면서 천의 한쪽에다 상처를 내고, 그 틈으로 몸을 밀어 넣어 긴 천을 가르며 저쪽 편으로 건너듯이 나간다. 현세대의 샤머니즘 학자인 알레인 다니로우Alain Danielou는 저승을 미로迷路라고 했으며, 샤먼의 저승춤은 나선형 날갯짓과

---

34 위의 책, p. 600.
35 니오라쩨, 앞의 책, p. 107.

꼬임twisting, 그리고 지속적인 진화進化와 회귀回歸를 시도하는 리듬운동이라고 했다. 그는 이 춤의 원류를 페르시아의 천문학적인 춤astrological dances인 '수피댄스'에서 왔다고 주장한다.[36]

인간은 죽으면, 질량을 땅에 두고 보이지 않는 혼백氣이 저승으로 간다. 지동설로 보면 이승이 자전하는 지구이고, 저승이 그 공전궤도가 된다. 샤먼의 굿(엑스타시)은 보이는 세계와 보이지 않는 이 두 세계를 왕래하는 퍼포먼스이다. 그는 위대한 초월자인 것이다.

무가열두거리에서는 봄과 여름을 뜻하는 1년의 반쪽을 아린만명萬明이라고 하고, 가을과 겨울의 반쪽을 스린만명萬明이라고 노래한다. 아리랑과 스리랑이다. 산바라기굿에서 무당이 양손에 잡는 수건이 아린만명과 스린만명이다. 이 샤먼의 모델은 지중해의 크레타섬에서 발견된다. 이 섬의 크놋소스 신전에서 발굴된 비너스가 그렇다. 이 여신은 양쪽 손에 붉은 색과 파란색 뱀을 쥐고 있다. 이 자료를 참고하면 아린만명은 빛이 많은 붉은 색이고, 스린만명은 그림자가 많은 푸른색 뱀이다. 시베리아 샤먼은 이를 백白샤먼과 흑黑샤먼이라고 말한다. 백은 위(빛)를 말하고 흑은 아래(그림자)를 말하는 것으로, 흑샤먼이 밤의 정령과 인간을 중계하는 자이고 백白샤먼이 낮의 정령과 인간을 중계하는 자라고 한다.[37] 지구의 자전·공전의 세계관을 말해 준다.

샤머니즘이 지동설의 문명임을 확연하게 드러내 보여 주는 굿은 우리의 사물놀이굿이다. 사물놀이를 한자로 사물柶物이라고 쓰는데, 이것은 윷놀이라는 뜻으로 지구가 자전하면서 공전하는 놀이를 뜻한다. 윷놀이에서는 두 편으로 나뉘어 각기 네 마리의 말을 가지고 지구의 공전궤도를 의미하는 윷판을 서로 다투며 달린다. 하지만 사물놀이에서는 경쟁이 아니고 실제로 춤

---

36 Alain Danielou, *Shiva and Dionysus*, Translation By K. F. Hurry, New York: Inner Traditions International, p. 200.

37 Hans Findeisen, 『シャマニズム』, 和田完 譯, 冬樹社, 1977, p. 4, 138.

꾼이 말이 되어 꽹메기를 두드리며 자신의 몸과 상모를 빙글빙글 돌린다. 춤은 단순하지 않다. 스스로 돌면서 전체의 원을 공유해야 한다. 굿판 중심에는 지구의 중심축을 의미하는 골뫼기 바위가 있다. 이 바위는 오색실을 긴 새끼줄로 감기는데, 이는 몽골이나 시베리아 여러 지역에서 오보Obo라고 부른다.

'골뫼기'의 '골'은 '대갈頭'의 뜻이고, 뫼는 묘古墳를 의미한다. 두 말을 합치면 샤먼들이 용의 우물(고분)이라고 말하는 돔Dome이다. 우리의 속어로는 두메, 두메골, 두메산골이다. 두메는 제천의식을 행하는 곳으로, 샤먼이 대갈이라고 말하는 우주의 북극권天蓋의 상징이다. 샤머니즘은 이를 우주의 배꼽이라고 말한다. 사물놀이의 진수는 상모의 긴 끈을 빙빙 돌리는 춤사위다. 하늘을 나는 용을 연상케 하는 상모끈은 완벽하게 회오리운동을 재현한다. 동시에 원무圓舞는 완벽하게 나선螺旋운동을 연출한다. 엘리아데는 샤먼의 북太鼓치기가 천계상승天界上昇의 목적 때문이라고 했다.[38] 그가 말하는 천계상승은 지구의 자전·공전이며, 샤먼으로서는 지구를 탔다는 실감을 연출하는 퍼포먼스이다. 사물놀이는 지구가 우주궤도를 자전하며 공전하는 천문학의 원리를 추체험追體驗하는 제의적인 퍼포먼스인 것이다.

반자로프는 샤먼의 '흔들며 추는 춤을 카오스'라고 했다.[39] 카오스chaos란 말은 샤먼 경전의 주제인 하도河圖를 말한다. 하도의 핵심 주제가 회오리인 것이다. 무가는 이 회오리가 건곤회답乾坤廻踏이라고 하여 음양이 뒤집히며 빛과 그림자의 미묘한 자리다툼이 뫼비우스의 띠가 되는 상황이다. 샤먼의 춤은 이 회오리길을 도는 퍼포먼스이다. 무경이 이 길을 빠져나올 때 샤먼은 '이 죽은 놈亡者아'라고 세 번이나 외친다.[40] 건이 빛이고 곤이 그림자이다. 다

---

38 Mircea Eliade, 앞의 책, p. 208.

39 반자로프 미하일로프스키, 『シャマニズム研究』, 白鳥庫吉 譯, 新時代社, 1971, p. 6, 46.

40 赤松智城·秋葉隆, 『朝鮮巫俗の研究』上, 大阪玉號書店, 1938, p. 314.

시 빛은 생명이고 그림자는 죽음이다. 지구의 자전·공전은 이 모순이 세 번이나 죽었다가 살아나는 상황을 연출한다. 이 상황이 이승과 저승 여행이다. 세 번 죽었다는 말은 빛과 그림자가 서로 뒤바뀌는 일을 겪는다는 뜻으로, 윤리적으로 말하면 선함이 악으로 바뀌고 악함이 선함이 되는 역전드라마를 체험하는 일이다. 이것이 샤먼이 도달하려는 해탈의 길이다.

1973년 경주의 천마총에서 말다래障泥가 발견되었다. 전체 모양새는 밀짚모자로 보통의 모자보다는 챙이 넓게 생겼다. 넓은 말다래의 챙에는 백마를 타고 하늘을 나는 여덟 필의 말이 그려져 있다. 엘리아데는 서시베리아 샤먼들이 챙이 넓은 갓을 썼고, 그 넓은 챙에 전갈과 또 다른 수호동물이 그려져 있으며, 거기에 많은 리본이 달렸다고 했다.[41] 우리의 사물놀이에서 쓰는 상모꾼들의 초립草笠도 다르지 않다. 그들이 쓰는 초립을 위에서 내려다보면 두 개의 동심원을 보게 된다. 그것은 청동거울에서 확인되는 천문 이미지와 다르지 않다. 그것은 상모에 달린 긴 갓끈이 거대한 회오리를 만들기 때문이다. 현세대의 샤머니즘 학자 낙슨M. R. Naxon은 이 회오리를 미로迷路 혹은 초월적인 공동空洞의 터널이라 하고, 이것이 이승과 저승의 정반대가 되는 그 중심이라고 했다.[42] 또 미로의 비의가 샤먼적인 체험의 현상학적現象學的인 초월의 본질을 유도하는 방법과 다르지 않다고 했다.[43] 불교가 말하는 해탈이다.

---

41 Mircea Eliade, 앞의 책, p. 197.
42 Michael Ripinsky-Naxon, *The nature of Shamanism*, New York: State university of New York Press, 1993, p. 34.
43 위의 책, p. 71.

11. 맺는 말

샤머니즘이 미개인의 신앙이 아니라 고등종교의 모태라는 사실은 20세기의 연구에 의해 주창되었다. 반자로프는 우랄알타이 시베리아지역(만주와 몽골)의 샤머니즘이 본질적으로 불교와 습합된 종교라고 했으며, 샤를 스테파노프Charles A. Stepanof는 석가모니도 샤먼이었다고 주장했다. 엘리아데가 남방 샤머니즘으로 분류한 파라몬 경전인 『우파니샤드』는 이승과 저승의 윤회를 이렇게 쓰고 있다.

> 이 거대한 우주는 바퀴이다. 그 위에는 태어남, 죽음 그리고
> 재생再生에 얽매어 있는 모든 창조물들이 있다. 그것은 꼬리를
> 물고 돌며 결코 멈추지 않는다. 이것이 브라흐만의 바퀴이다.[44]

석가는 브라흐만의 이 바퀴를 탄 것을 일승(일승법—乘法)이라 하고, 이것이 일체중생이 모두 성불하는 일이라고 했다. 불교 이전에 그리고 불교의 밑그림이 샤머니즘이고 그 실체가 지구의 자전·공전설의 시대임을 말해 준다.

이제까지 살펴본 것처럼, 샤머니즘 핵심에는 이승과 저승이라는 주제가 있다. 고대의 지동설이 단순한 자연과학이 아님을 말한다. 샤머니즘에서는 지구가 자전하며 공전하는 자기모순의 운동을 한다는 사실을 무당의 춤으로 형상화하였다. 자전은 자기운동이고 공전은 자기를 배신하는 운동이다. 이것이 동시에 진행되는 것은 이율배반의 모순운동이다. 말하자면, 자기를 위하는 행위가 동시에 남을 위하는 행위가 된다는 것이다. 불교에서는 이를 자리행自利行과 이타행利他行이 하나가 되는 일이라고 한다. 쉽게 비유하자면, 샤먼

---

44 박석일 역, 『우파니샤드』, 정음사, 1994, p. 191.

의 춤은 메리고라운드놀이와 같은 것이다. 메리고라운드는 목마를 탄 아이가 자신이 탄 말로 자기회전을 하는 놀이이다. 하지만 그가 탄 말은 공전궤도를 동시에 돈다. 인간은 메리고라운드를 타고 다람쥐 쳇바퀴 돌듯이 하나의 원을 끊임없이 회전하는 윤회 속에 갇혀 있는 존재이다.

이처럼 샤머니즘은 인간과 우주의 심원한 이치, 인간학과 천문학을 융합적으로 파악하여 인간의 삶과 영혼을 구원하려는 종교였다. 샤머니즘은 일개 미개종교가 아니라, 서양문명 세계가 근대에 들어와서야 알게 됨으로써 현대 물질문명 발달의 근본이 된 지동설을 수천 년 전에 정확히 통찰하고 이를 인간의 삶에 적용하였던 심원한 고등종교였다.

제4장

중국 샤머니즘*의 형성과 전개

신진식

1. 중국 샤머니즘 이해의 시작

샤머니즘Shamanism, 무속巫俗은 신神을 불러들이는 무당巫堂, 곧 샤먼shaman
을 중심으로 한 신앙체계이다. 샤머니즘이라는 것은 이상심리 상태에서 초
자연적 존재(신령, 정령, 사령 등)와 직접 접촉 교류하고, 신과 인간 사이에
서 예언, 탁선, 복점, 치병, 제의 등을 행하는 인물인 샤먼을 중심으로 하는
주술·종교적 형태로 나타난다. 샤머니즘에서는 춤·노래·주문 등을 반복하

---

* 이 글의 제목에서는 샤머니즘이라는 용어를 사용하였다. 이는 중국 학계의 학술용어 개념과 우리 학
계와의 차이에서 오는 혼란을 피하기 위한 것이다. 기실 한자문화권이라는 틀 안에서 한·중·일 삼
국의 학술 용어는 각별히 세심한 주의를 요한다. 각 나라마다의 학문적 전통과 언어습관에 따른 차
이, 서구 학술용어의 번역과 중역重譯과정에서 오는 개념상의 차이가 흔히 혼란과 오해를 불러오기
때문이다. 샤머니즘의 경우만 해도 중국 학계에서는 '무교巫敎'와 '사만교薩滿敎'(우리 한자 발음으로
는 살만교라 읽지만 중국어로는 사만교라 발음한다. 사만은 원래 여진어를 음차音借한 한자어이다. 현
재 우리나라 학계에서는 이를 혼동하여 발음하고 있다)를 달리 설명하고 있다. 여기에 '무술巫術'이 더
해지고 '민간신앙'에 대한 혼란까지 가중되어 이해를 더욱 복잡하게 만든다. 조흥윤은 두 논문(「중공

고 엑스터시 같은 이상심리 상태로 몰입하여 초자연적 신령계에서 나오는 정보를 전달하거나 길흉을 점치고, 악령을 제거하며 병을 고친다. 이때 샤먼은 초자연력을 가진 인물이거나 아니면 신령神靈과 직접적인 관련을 가진 사람으로서, 그 힘을 빌려 수렵의 풍요, 가족의 안전, 전쟁의 승리 등을 기원한다. 샤먼은 질병의 치료사, 마술사로서의 역할을 한다.

'샤먼'이라는 말은 퉁구스계족에서 주술사를 의미하는 사만Saman, saman에서 유래한다는 설이 유력하다. 그 외에 사문沙門을 의미하는 산스크리트어의 시라마나Sramana나 팔리어의 사마나samana로부터의 차용어라든지 페르시아어의 셰멘shemen(우상), 한자에서 사당을 의미하는 사祠로부터 전화된 어휘라는 설도 있다. 중국에서는 무巫(여성) 및 격覡(남성)이라는 말을 사용하였다.

문화인류사적 측면에서 보면 샤머니즘은 전 지구적으로 분포되어 있는 원시종교 형태의 하나다. 중국도 예외는 아니어서 샤머니즘은 중국 고대인

中共의 사만교연구薩滿敎硏究」,『박물관기요博物館紀要』2, 단국대학교 중앙박물관, 1986;「中國 少數民族 종교문화의 성격」,『民族과 文化』5, 1997)을 통해 중국에서의 무교와 사만교에 대한 분석을 하였다. 결론적으로 중국학자들의 인식은 둘 모두가 이른바 원시종교에 속하는 것으로, 지역성과 등급성의 차이가 있을 뿐 내용·형식·기능은 모두 같다. 사만교란 서방의 샤머니즘 연구 전통과 결부하여 중국 북방의 몇 소수민족들의 전통종교를 중국식으로 지칭한 것이고, 남방 소수민족 사회의 무교는 한족漢族 고래의 무교 전통에 따라 그렇게 불린다는 것이다(위의 논문, 1997, p. 67). 치우푸秋浦와 만뚜얼투滿都爾圖 등이 이 학설의 대표자들이다. 이들과 다르게 푸위광富育光이나 왕홍깡王宏剛처럼 사만교가 인류 보편의 원시종교로 북미·북아시아·북유럽 등 지구 북반부의 여러 곳에서 신앙되는 씨족 단위의 원시자연종교라는 견해도 있다. 쑹자오린宋兆麟과 지앙즈천張紫晨은 사만교와 원시종교를 함께 다루어 무술 내지 원시종교로 연구하고 있다. 반면 까오궈판高國藩은『중국무술사中國巫術史』에서 무술의 행위 주체인 무사巫師를 민족별로 정리하여, 종교 사제 개념으로서의 무사와 그들과 연관된 종교활동 전반을 무술로 이해한다. 이처럼 중국 학계에서는 무교·사만교·무술이 혼용되어 사용된다. 따라서 이를 분리하여 어느 한 명칭만을 사용한다면 역시 샤머니즘으로 이해해야 할 어느 것들이 제외되어 버리는 결과가 되고 만다. 이러한 오해를 피하고자 이 글에서는 중국의 무교·사만교·무술을 모두 아우르는 개념으로 샤머니즘이라는 용어를 택하였다.

의 생활 풍습을 이해하는 중요한 종교적 요소가 된다. 이와 같이 샤머니즘은 전 지구적 문화의 한 요소이지만, 그 가운데서도 중국의 '사만薩滿(샤먼)신앙'[1]은 원시 생태 구역을 중심으로 한 나름대로의 민족적 특징과 언어체계를 가진 독특한 문화유산이다.[2] 그러나 사만문화는 중국 정통 주류문화라기보다는 변방의 문화로 여겨져 왔다. 따라서 사만 혹은 사만 종교는 미신이라 하여 배척되기도 했다. 전통적으로 다양한 부족에서 전수되어 오던 풍속이 이제는 거의 사라져 가는 멸종 상태에 처해 있다. 이러한 시점에서 사만의 언어는 물론, 민간예술로서의 의복이나 음식, 또는 생활 기구와 습속 등의 다양한 방면에서 점차 사라져 가는 문화유산을 재발견하는 일은 인간 정신의 원형을 탐구하는 문화인류학적 가치가 있는 일이라 할 수 있다.

중국의 사만문화는 지금도 여러 가지 형태로 전수되면서 한국의 샤먼과 일정 정도 유사성을 지니고 있다. 특히 중국의 장백산長白山지역 이북을 중심으로 하는 백산白山과 흑수黑水 지역의 전설적인 고사와 신화는 원시종교 형

---

1 중국의 고대문헌 가운데에서 사만신앙과 관계된 용어로 현재 가장 이른 시기의 것은 남송南宋의 쉬멍신徐夢幸(1126-1207)이 기술한 『삼조북맹회편三朝北盟會篇』 권3 여진족 편이다. 그리고 이후 청나라 광서光緒 4년에 발간된『삼조북맹회편』에 나오는 것으로, 당시 '무격巫覡'을 여진어女眞語로 '사만珊蠻'이라고 부른 데서 기인된다(徐梦莘, 『三朝北盟会編』 3, 古籍出版社, 1987, p. 21). 그런데 중국에서 최초로 나온 사만에 관한 체계적인 저술은 청나라 건륭황제 재위 12년인 1747년에 간행된 인루 允祿의 『흠정만주제신제천전례欽定滿州祭神祭天典禮』(北京: 中央民族大學圖書館藏滿文本, 清乾隆 殿本, 1747)이다. 이 책에서는 '사만Shaman'이라는 용어를 정식으로 사용하고 있을 뿐만 아니라, 많은 양의 사만문화와 종교적 개념들을 사용하고 있다. 예컨대 사만신가薩滿神歌, 사만의식薩滿儀式, 사만제기薩滿祭器, 그리고 아주 많은 사만의 천지신명들이 언급되고 있다. 그러나 이 책은 만주어로 기록되어 있어서 건륭황제 재위 45년인 1780년에 『사고전서四庫全書』에 수록을 위해 한문체로 번역을 하였다. 이후 이 책은 사만교를 전문적으로 연구하는 데 아주 중요한 자료가 되고 있다. 청나라 후기에 갈수록 사만 연구가 계속 진행되었는데, 『만주도신환원전례滿州跳神還愿典禮』(道光八年, 1829),『공제신간예절지책恭祭神杆禮節之冊』(光緒二十四年, 1898) 등의 사만 제사에 관한 책이 있다(劉厚生, 『清代宮廷薩滿祭祀研究』, 長春: 吉林文史出版社, 1992 참조).

2 金海峰, 「關於薩滿文化研究的幾點思考」, 『長春大學學報』 2, 2005, p. 104 참조.

태의 유산을 보여 주는 원형적 가치가 있다. 처음엔 하나의 씨족사회에서 출발한 원시 자연 종교문화로서의 사만은 모계사회를 중심으로 발전했지만, 계급사회로 진입한 이후에 점차 사만교의 형태가 변모하였다. 하지만 오늘날 그 정신적 본질과 내용은 여전히 전승되고 있다. 그러한 사만문화의 가치를 크게 민속신앙의 차원과 그들의 인지관념, 그리고 전통의학 방면으로 구분하여 연구할 수 있다. 이러한 연구 경향 가운데서 필자는 중국의 사만 연구사를 참조하면서 사만문화의 몇 가지 특징과 더불어 '사만교'라는 종교문화의 측면에 주목하고자 한다. 그런데 이와 관련된 국내에서의 연구는 몇몇 선구적 연구자들에 의해서 진행된 바 있지만 아직까지 관심의 정도는 크지 않은 듯하다.[3] 따라서 이 글에서는 주로 중국학자들이 최근까지 발표한 저술과 논문을 토대로 문헌 고찰을 시도할 것이다.

2. 고대 중국의 샤먼과 샤머니즘

고대 중국에는 남녀 요술사, 영매靈媒, 축귀술사逐鬼術士, 우사雨師, 주술사 등

---

3 한국에서의 중국의 샤머니즘에 대한 연구는 부족한 실정이다. 특히 현대의 연구 자료는 얼마 되지 않는다. 이 가운데 국내의 연구 성과 몇 가지를 소개하면 다음과 같다. 김인호, 『巫와 中國文化와 中國文學』, 중문출판사, 1994; 문용성, 「漢代 知識人의 巫覡에 대한 認識範疇」, 『샤머니즘 연구』 2, 2000; 상기숙, 「중국 上古巫의 고찰」, 『한국 무속학』 6, 2003; 오만종, 「巫歌에서 詩歌로: 시경 속의 샤머니즘」, 『中國人文科學』 26, 2003; 이희정, 「샤먼의 神靈 接觸 形式에 관한 연구: 한국, 시베리아, 북미 샤먼들의 의례를 중심으로」, 서울대 박사학위논문, 1999; 임봉길, 「퉁구스족의 氏族正體性과 샤먼의 역할」, 『한국문화인류학』 18, 1986; 이재현, 「중국 소수민족에 있어서 샤먼의 역할」, 『중국연구』 16, 1997; 최준, 「니샨 샤먼의 저승 여행」, 『동아시아 고대학』 21, 2010. 한편 서양학자로서 중국 동북부의 샤먼을 연구한 사례는 다음과 같다. Daniel A. Kister, "Shamanic worlds of Korea and Northeast Asia," *Journal of Korean Religions*, Vol. 3, No, 2010; Mircea Eliade, *Shamanism*, New York: Pantheon Books, 1964.

몇 가지 범주의 종교 관련 종사자들이 고루 있었다. 그중 특기할 만한 것이 자신의 영혼을 외면화, 실제화 시키는, 즉 영혼인 상태에서 여행하는 기술을 가진 접신사接神師이다. 최초로 비상의 능력을 획득한 사람은 순舜(기원전 약 2258-2208)으로 알려졌다. 이 전승에 따르면 황제 요堯의 딸인 여영女英과 아황娥皇이 순에게 새처럼 하늘을 나는 기술을 가르쳐 주었다. 여기서 주력呪力이 여성에게만 있었던 것을 알 수 있으며, 고대 중국이 모권사회였다는 것도 알 수 있다. 그리고 완벽한 군주는 주력의 소유자였다는 것도 알 수 있다. 접신 능력은 정치적 덕행과 같이 국조國祖에게 필수 불가결한 요소였다. 왜냐면 주술적 권능이 세계에 대한 권위와 지배를 정당화하는 가치였기 때문이다.

주술적 비행의 기원이 샤머니즘이라는 암시는 중국 문헌에 얼마든지 있다. 천계 비상이 중국에서는 "새의 깃으로 그는 모습을 바꾸고 불사신처럼 날아올랐다"는 식으로 표현된다. 깃털은 무당적 비상에서 가장 많이 등장하는 상징이다. 도교의 전설에는 승천 같은 이적異跡이 수없이 등장한다. 놀라운 사실은 주술적 비상이나 무당의 춤을 언급하고 있는 중국 전승에 빙의憑依/빙령憑靈에 대한 기술이 전무한 점이다. 황제, 도가의 불사신, 연금술사, 심지어 요술사의 전설에 승천했다거나 기적을 연출했다는 이야기는 있어도 빙의에 대해서는 한마디도 언급하지 않았다. 한 무녀는 "우리는 천상으로 솟아 혜성을 쓸어 버린다"는 내용의 무가를 부른다.

중국의 옛이야기는 주술사의 장하고 큰 계획인 장거壯擧를 내용으로 하는 경우가 많은데, 이는 바라문 행문파에 관한 전설과도 흡사하다. 이런 이야기에 등장하는 주술사들은 달까지 날아가기도 하고, 벽을 예사로 지나다니기도 하며, 식물에서 싹을 틔워 자라나게 할 수도 있다. 이러한 신화와 민간신앙의 전통은 모두 영적 여행을 의미하는 접신의 이념 및 기술을 출발점으로 한다. 아득한 옛날부터 탈혼 상태를 만드는 가장 고전적 수단은 춤이었다.

다른 지역들과 마찬가지로 중국에서도 무당의 주술적 비상이나 영혼의 하강을 가능하게 한 것은 접신이었다. 그러나 영혼의 하강이 반드시 빙의를 의미한 것은 아니었다. 말하자면 영혼이 무당에게 영감을 줄 수도 있었던 것이다.

도교는 요가와 불교에 비해 훨씬 많은 고대의 접신기술을 흡수하고 있다. 특히 주술적 요소로 변질된 후기 도교의 경우가 그러하다. 그러나 상승의 상징체계가 중요하게 받아들여지고 그 구조가 견실하고 건강한데도 불구하고 도교는 접신, 빙의와는 구별된다. 중국의 무속은 유교와 국가 종교가 우위를 차지하기 전 시대의 종교생활을 지배했던 것으로 보인다. 상고시대의 수세기 동안 무巫는 중국의 정통 사제였다. 무는 무당과 같았던 것은 아니다. 그러나 무는 영靈과 합일하고, 이 합일을 통해 신과 인간을 중재했으며, 영의 도움을 받아 병자를 고치는 치료술사이기도 했다. 숫자로는 여무女巫가 압도적이었다. 엄밀한 의미에서 빙의가 시작된 것은 무가 귀신과 합일할 때였다.

후한後漢의 사상가 왕충王充은 이렇게 적었다. "사자는 흔히 탈혼망아의 산 사람의 입을 빌려 말하지만, 일단 무巫가 검은 현弦을 타면서 사자를 부르면 사자는, 이번에는 무의 입을 빌려 말한다. 그러나 이들이 무슨 말을 하건 그것은 모두 거짓말이다." 이는 영매 현상을 혐오하는 작가의 판단이다. 그러나 여무의 마술은 여기서 그치는 것이 아니다. 여무는 사람들의 눈에 자기 모습이 보이지 않게 할 수도 있으며, 칼로 자기 몸을 찌르거나 혀를 자를 수도 있고, 칼을 삼킬 수도 있으며, 불을 뿜을 수도 있고, 번개처럼 빛나는 구름을 타고 하늘을 날 수도 있다. 여무는 선무旋舞를 추는가 하면 신어神語를 말하기도 한다. 그뿐만 아니라 자기 주위에 있는 사물을 공중으로 뜨게 해서는 서로 부딪치게 할 수도 있다. 다분히 바라문 행문파가 보여 주는 이적 같은 현상은 중국의 주술계 및 영매계에서 오늘날에도 볼 수 있는 일반적인 현상이다. 영신을 보거나 예언을 하고 싶다고 해서 반드시 무가 되어야 하는 것은 아니다. 신들리기만 하면 이 정도의 일을 얼마든지 해낼 수 있다. 신통력과 빙의는 종종 상궤常軌를 벗어난 자발적 샤머니즘으로 귀착한다.

중국의 샤머니즘은 중요한 요소들인 승천, 초혼招魂과 영혼의 수탐搜探, 영신과의 합일, 불의 다스림, 바라문 행문파적 묘기 등을 골고루 보여 준다. 그렇지만 명계하강은 일반적이지 못하다. 병자의 영혼이나 사자의 영혼을 찾기 위한 명계하강이 특히 그러하다.

중국에서 사용되는 학술용어 가운데 샤먼 또는 우리나라의 무당으로 해석될 수 있는 단어로는 무巫·무격巫覡·무사巫師·사만薩滿, 그리고 소수민족이 스스로의 말로 가리키는 해당 민족의 종교사제에 대한 호칭의 일부 - 예컨대 이족彝族의 수니(이족어로 흥분하는 자), 먼바족門巴族의 덩롱칸(먼바어로 덩은 귀신, 롱칸은 보내 준다는 뜻이다. 즉 귀신을 보내 주는 사람) 등 - 를 들 수 있다. 그러나 현재 중국 학계에서 가장 널리 쓰이는 말은 무巫와 사만薩滿이다.

우선 사만에 대한 기록을 알아보자. 중국 사서에서 사만에 관한 가장 빠른 기록은 남송南宋의 쉬멍신徐夢莘(1126-1207)이 기술한 『삼조북맹회편三朝北盟會篇』의 권3 여진족 편이다. 그는 여진족의 풍습을 서술하면서 "사만은 여진말로 무구巫嫗이다珊滿者, 女眞語巫嫗也"[4]라고 적고 있다. 중국 사서에서 나타나는 珊滿·薩滿·薩瑪·薩麻·沙漫 등의 중국어 한자 발음은 모두 사만·사마 등이다. 이는 5세기 후 18세기 초 네덜란드인 이데스E. Y. Ides의 보고에 의해 영어 샤먼shaman으로 표기되는, 북방 퉁구스 계통의 민족들에게 널리 퍼져 있는 무당을 가리키는 말이다. 우리는 여기서 당시 송나라 사람의 눈에는 다른 민족의 종교사제와 한족의 무당이 동일하게 보였음을 추측할 수 있다.

현재 샤먼에 대한 어원과 뜻을 설명하는 데 있어 세계 학계에서 가장 많이 통용되는 것은 퉁구스어 사만이 '흥분하는 자'에서 비롯되었다는 설이다.

---

4 秋浦, 『薩滿敎硏究』, 上海: 上海人民出版社, 1985, p. 2.

그러나 중국에서 만어와 시버어 등에 능통한 만족 샤머니즘 전문가들을 중심으로 새로운 해석이 시도되고 있다. 만족을 비롯한 허저 시버 오로촌 에벤키 등의 통구스 민족의 경우 '사만'의 어원은 모두 '앎', '지혜로움' 등을 뜻한다는 것이다.[5] 따라서 샤면은 기존의 이해대로 정신 상태가 불안정하거나 비일상적인 인간이 아닌 지혜를 갖춘 현자의 면모를 갖게 된다. 근래 이러한 인식은 만족 학자들을 중심으로 확산되어 가고 있다. 여기에는 샤머니즘을 전통 민족문화의 정수로 파악, 샤면에 대한 민족적 자긍심이라는 측면이 연구자들에게 어느 정도 작용한 것으로 보인다. 통구스 계통의 언어를 통해 하나의 단어가 역사적으로 문화-사회 환경지역에 따라 여러 뜻으로 쓰일 수 있다는 점, 또한 비일상적인 것과 지혜로움은 실제로는 같은 맥락에서 해석될 수도 있다는 점 등을 생각해 볼 수 있다.

반면 무당을 뜻하는 무巫에 대한 기록은 학계에 잘 알려진 대로 훨씬 이전으로 거슬러 올라간다. 상대商代의 갑골문에 이미 무자의 원형이 나타나고, 그 다음 왕조인 주周대의 금문金文에 이르러 현재와 같은 형태의 글자꼴을 갖추게 된다. 상대의 무자는 그 형상과 뜻이 일반적으로 누군가가 손에 무언가를 들고 춤추는 형상으로 해석된다. 이는 『설문해자說文解字』의 "무는 축이다. 여자로서 형체가 없는 것을 섬기고 춤을 추어 신을 내리게 하는 자이다 巫, 祝也. 女能事無形, 以舞降神者也"라는 뜻과도 상통한다. 다만 허신이 왜 무자를 공工부에 편성하였는지는 명확치 않다.

갑골문의 무巫자와 춤추는 무舞자는 기본적으로 같은 자로 추정된다. 이후 후대의 역사와 문학에서 무풍巫風과 무무巫舞가 함께 나타난다. 그래서 왕궈웨이王國維가 『송원희곡사宋元戲曲史』에서 "노래와 춤의 일어남은 그 시원이 예전의 무당에게 있지 아니한가?歌舞之興, 基始于古之巫乎?"[6]라고 한 것도 같은 맥

5 王宏剛, 「薩滿敎叢考」, 王宏剛 · 張志立主篇, 『東北亞歷史與文化』, 瀋陽: 遼瀋書社, 1991, pp. 642-643.
6 王國維, 『末元數曲史』, 上海: 華東師範大學出版社, 1995, p. 1.

락일 것이다. 갑골문에서도 춤과 음악은 항시 등장한다. "경(왕)이 빈에게 묻습니다. 갑오일에 리에서 춤추며 빕니다. 비가 내리겠습니까?庚賓卜, 甲午隶舞, 雨?"라는 기록이 그러한 예이다. 이러한 이유로 무당은 춤으로써 귀신을 부르는 사람으로 해석되기도 한다.

당시의 갑골문에는 이미 제祭, 헌獻, 시示, 축祝 등의 글자 원형이 나타나 일정한 종교의례를 행하였고, 그것이 『국어國語』의 「초어楚語」, 『초사楚辭』, 『주례周禮』, 『사기史記』 등에서 언급되는 상나라의 무당으로 이해된다. 상나라가 제정일치사회로 그 왕이 무당왕巫王, shaman-king이었음은 학계에서 이론의 여지가 없다. 또한 갑골문으로 대표되는 상대의 점복활동을 샤머니즘으로 볼 수 있는가에 대해서도 긍정적이다. 갑골문에서 신탁을 내리는 주체, 즉 점을 쳐서 묻는 대상은 상왕의 조상인 '제帝'이며, 점복인은 중계인의 역할을 한다. 복사卜辭에는 빈賓자가 자주 나오는데, 이는 주로 왕의 이름과 조상의 이름 사이 또는 왕의 이름과 제라는 글자 사이에 위치한다. 이는 왕이 어떤 조상 혹은 제를 빈객의 예로써 접대하다, 즉 왕이 멀리 떨어져 있는 조상의 영혼이나 제를 불러 모신다는 뜻이다.[7] 이로 볼 때 상나라에 왕이 신령과 서로 교합하는 의식이 분명히 있었고, 그 만남은 모종의 중개인을 통해 조상의 신령과 만나는 것임을 알 수 있다. 단지 그 방식이 어떠했는지는 확실치 않으나 춤과 음악, 음주 등이 중요한 역할을 한 것으로 보인다.

상의 멸망 이후 주 왕조가 들어서면서 무에 대한 상황은 크게 바뀐다. 상과는 민족 구성과 문화 성격이 다른 주 왕조는 상의 무문화를 탄압하고 후대에 이상적인 유교세계로 흔히 묘사되는 정치도덕 질서를 내세운다. 그러나 『시경詩經』, 『서경書經』 등의 내용이 증명하듯 이들 서적이 상대의 풍습을 기술하였지만 이는 일정 부분 주대의 관념을 반영한 것이며, 그 편찬은 한대에

---

7 장광직, 『신화 미술 제사』, 신철 역, 동문선, 1990, p. 95.

나 이루어진다. 이들 기록에 등장하는 권력의 중심인 왕 주위의 수많은 무와 축, 그리고 민간의 무풍은 위계가 낮아지고 권력이 축소되었어도 여전히 무를 중심으로 한 중요한 종교문화가 자리 잡고 있음을 뜻하는 것으로 여겨진다.

그러나 철학·정치 관념에서는 주 왕조 이전과 이후가 큰 차이를 보이게 된다. 상대에 믿어지던 제의 신격은 최고신으로 상제라고도 표현된다. 당시 지상의 통치자인 상왕은 죽으면 제가 되어 동일한 창조 질서의 일원으로 자리 잡았다. 이들이 인간세계의 일원이었던 만큼 그들과 인간계의 관계는 남아 있으며, 이들 간의 교류가 제의 후손들 또는 샤먼을 통하여 이루어질 수 있는 것이다. 제에 대한 관념은 점차 확대되어 후대로 내려오면서 기원전 4세기경부터는 새로운 관념의 제가 등장하였다. 음양과 오행사상이 구체화되고 이론화되면서 오제五帝라는 개념이 특별히 형성되었고, 이중 황제黃帝가 신화와 철학 종교에서 중요한 역할을 수행하게 되었다.

상에 상응하여 주 왕실은 '천天'을 최고의 신격으로 생각하였다. 천은 제와는 달리 새로운 왕실에 권위를 부여할 수 있는 외적인 힘으로, 왕들은 천의 아들, 즉 천자天子로 주장되기 시작했다. 그러다 주 왕실이 쓰러지고 기원전 8세기 춘추전국시대로 접어들면서 천명을 누가 획득하는가에 골몰하다 이것이 실현된 것은 기원전 1세기 이후이다. 또한 제의의 일부로 천제天祭가 포함된 것은 기원전 31년의 일이다. 공자에게서 모범적인 선례로 존중 및 칭송되었던 주왕들의 수호신인 천은 이후 한대의 유교에서 특별한 의미를 갖게 된다.

중국의 기록에서 무와 관련된 기사는 수없이 많지만 가장 명확한 기록을 남긴 것은 초楚의 무문화로 기원전 4세기에 편찬된 『국어』의 「초어」 자료와 초나라 재상 굴원屈原(기원전 340-278)의 『초사』가 대표적이다. 다소 길지만 내용의 일부를 옮겨 본다.

옛날에는 사람과 신의 일이 어지럽지 않았습니다. 사람 가운데 정명하고 변함이 없이 언제나 하나같이 공경스럽고 마음이 바르며, 그 지혜는 위아래의 마땅한 도리를 알고 그 통달됨은 멀리까지 밝게 깨달을 수 있으며, 그 명석함은 두루 빛을 비출 수가 있고, 그 총명함이 들어 바로 깨달을 수 있는 그러한 이에게 신이 강림하는데 남자에게 임하면 격覡이라 했고 여자에게 임하면 무巫라 하였습니다.

그래서 그들에게 신들의 제위祭位와 서열을 정하게 하고, 희생물과 제기와 때에 맞는 의복을 만들게 하였습니다. 그런 다음 선성先聖의 후예 가운데 밝고 명석함이 있어 능히 산천의 이름, 종묘의 으뜸이 되는 신주, 종묘의 일…… 충성스럽고 믿음직한 성품, 제사 때에 입는 복장 등의 일을 잘 알고 정명한 신을 잘 섬기는 자를 뽑아 축祝으로 삼았습니다…… 이렇게 하여 각각 그 맡은 바를 담당해서 서로 혼란스럽지 않았습니다…… 이렇게 하여 사람과 신이 각각 직분을 달리하고 공경하여 무례하지 않아 귀신은 좋은 것을 복으로 내려주고 사람은 제물을 바치게 되니 재앙이 없고 쓸 것이 늘 마르지 않았습니다.

그러다 소호少皞 때 쇠하여 구려九黎가 덕을 어지럽히자 사람과 신의 일이 마구 섞여 분별할 수 없게 되었습니다. 사람마다 각각 제사를 드리고 집집마다 무와 사史를 두어 진실함이 없게 되었고, 급기야 제사에 소홀하게 되어 그 복을 얻지 못하였으며 배향하는 법을 잃어 사람과 신이 같은 자리를 갖게 되었고, 사람들이 무례히 귀신과 같이 되려고 하여 경외하는 마음이 없게 되었으며, 신은 사람들의 법을 익혀 그 행할 바를 순결하게 행치 않게 되었습니다…… 그러다 전욱이 왕권을 받자 남쪽의 우두머리인 중에게 명하여 하늘을 주관하여 신들로 하여금 각자의 위치에 거하도록 하였고, 북쪽의 우두머리인 여에게 땅을 주관하여 사람들이 자기 본분에 충실토록 하였습니다. 이로써 옛 상태를 회복하고 서로 침범함이 없도록 하였으니 이를 절지천통絶地天通이라 합니다.[8]

위의 내용은 『국어』의 「초어」에 나오는 기사이다. 기원전 5세기경 초의 소왕昭王이 책을 읽다 기원전 11세기 말의 주 목왕穆王이 '천지불통天地不通'케 했다는 구절을 궁금해 하자 신하가 그에 관한 신화를 들려준 것이다.

『초사』에는 고대 중국의 무당의 모습들과 행위가 자세히 묘사되어 있다.

---

8 上海師範大學古籍整理研究組, 「楚語」, 『國語』, 上海: 上海古籍出版社, 1995, pp. 559–562.

『초사』 중 「구가九歌」의 「운중군雲中君」이 대표적이다. 또한 굴원은 「이소離騷」에서 회왕懷王을 '영수靈修'라고 부른다. 왕이王逸는 「구가장구九歌章句」에서 "영은 무당이고 신이다. 수는 그 우두머리이다靈, 巫也, 神也. 修, 長也"라고 주를 달았는데, 즉 영수란 무당의 우두머리를 뜻한다. 당시 또는 그 이전에 무당이 각지에서 널리 유행하였을 것이나 초기의 자료나 기타 지역의 자료는 이들만큼 명확하지 못하다. 그러나 고대의 무와 관련된 기록을 살펴볼 때 우리는 무당이 전문적으로 신령과 통하며, 귀신을 쫓고, 예언을 하고, 점을 치며, 비를 만들어 내고, 병을 고치고, 해몽하는 일 등등을 하는 이였음을 증명하는 자료를 여러 기록에서 찾을 수 있다. 이러한 모든 것들은 모두 현대사회에서 샤먼의 역할과 크게 다를 것이 없다. 이외에 『산해경山海經』이 자주 언급되나 샤머니즘의 성격이 나 상황을 추정하기에는 다소 단편적이어서 여기서는 생략한다. 그러나 『산해경』은 샤머니즘 관련 신화의 해석에는 매우 중요한 자료로서의 가치를 갖는다.

이상의 상, 주, 초의 경우에서 살펴보았듯 고대 중국 사회는 샤머니즘에 기반 한 종교문화를 근간으로 하였다. 물론 왕만이 당시의 유일한 샤먼은 아니다. 왕은 많은 종교적 보조자를 두었다. 그러나 이들 모두가 샤먼이라고 말할 수는 없다. 역사적으로 무巫와 축祝이 분리되면서 한대漢代에 이르러 무당의 위치는 더욱 격하된다. 사서에 무당을 엄벌하는 기사가 종종 보이기도 하고, 무의 제의를 '음사淫祠' 또는 '음사陰祀'로 규정지었다. 은의 풍속은 '무풍巫風', '음풍淫風'이 된다. 음사란 본래 『예기』의 「곡례曲禮」에 나오는 말이다. "그 제사 지내지 말 것에 제사 지내는 것을 음사라 한다. 음사는 복이 없다非其所祭而祭之, 名曰淫祀. 淫祀無福." 여기서 음사란 곧 무당의 굿을 뜻한다. 음사를 한자 음淫의 표면적인 해석에만 치중하여 성性과 관련된 행위로 단정하는 것은 편협하다. 위의 구절에서 보이듯 음은 성이 아닌, 유교적 가치관에서 올바르지 않다고 생각되는 부정적인 종교 행위를 가리키는 것이다.

본래 예禮는 제의에서만 사용된 용어로 제의에서의 행동 규범과 절차를 가리킨다. 무당이 받들고 주도하는 제의가 음사로 규정되었으니 새로운 제의와 사제가 필요한 것은 당연하다. 무를 권력에서 밀어내기 시작한 주나라 이후의 왕조는 샤먼과는 다른 사제집단인 '유儒'를 중심으로 삼는다. 유는 제의에서 예를 돌보아 주는 직이다. 이것이 활성화되고 유 집안 출신의 공자에 이르러 하나의 논리를 바탕으로 한 사상, 도덕, 정치 전체에 걸친 지도이념으로 자리 잡는다. 그러나 집권층이 유교를 중심으로 사상을 다듬고 있을 때 민간에서의 무교는 대부분 도교와 결합하여 민간도교로 전환된다.

중국 고대의 샤머니즘과 관련하여 은과 주, 한, 그리고 초의 무풍에 대한 이해가 중요한 것은 이유가 있다. 이들은 중국학자들이 무교와 사만교를 구분하는 이론의 시원적인 근거를 마련하는 하나의 계기가 되어 주기 때문이다. 중국에는 황하黃河를 중심으로 한 북방과 장강長江 이남을 중심으로 한 남방으로 나누는 지리 역사적 인식이 고래로부터 내려온다. 중국의 중앙왕조는 모두가 중원, 즉 황하와 관련된 지역을 배경으로 성립한다. 앞의 상, 주, 한 역시 마찬가지이다. 즉 중심으로 여겨지는 중원으로서의 북방과 변방으로 여겨지는 초를 위시한 남방으로 나누어 보는 관념이 성립된 것이다. 중앙 왕조의 시각에서 변방은 중앙에 비해 사회의 전반적인 것이 항상 모자라거나 뒤쳐져 있다. 북방은 상의 멸망 이후 주를 거치면서 무문화권에서 벗어나지만, 남방은 여전히 무문화권으로 남는다. 북방의 중앙왕조 주체인 한족 집단은 도교, 불교 등의 종교문화로 전환되고, 이외의 북방 민족 집단은 무교에서 진일보한 사만교로 발전하게 된다는 것이다. 이러한 역사 속에서 지역에 대한 인식이 북방과 남방을 대조적으로 경계 짓는 것으로 각인되어 중국 학계의 유물론적 사회발전단계설의 근거가 된다.

3. 현대 중국의 샤머니즘 연구 현황과 문제의식

중국에서는 전후 중화인민공화국(1949)이 성립된 이후 줄곧 미신타파정책을 펴오고 있다. 현재도 종교와 샤머니즘을 분리하여 후자를 미신으로 타파하고 있다. 다만 소수민족문화의 연구를 위하여 조사하는 정도일 뿐이다. 때때로 샤머니즘을 문화재 운운하면서 연구하는 것을 중국 정부는 경고하거나 주민들에게 미신타파를 계몽하고 있다. 어떤 유명한 샤머니즘 연구자는 저술할 때 샤머니즘을 미신으로 간주하고 기술하지 않으면 안 되었다고 한다. 그러므로 그의 저술에서 거의 중요한 비중으로 다룰 수 없었고, 소홀히 다룬 것 같은 인상을 받을 것이라고 설명하여 주었다. 중국에서는 매년 음력 7월 15일에 전통적인 조상숭배가 성황하고 있는데, 이에 대해 최근 중국 정부는 미신타파의 입장에서 "과학문명을 창도하고 봉건 미신을 타파하자倡導科學文明 破除封建迷信"라는 경고를 내곤 한다. 즉 샤머니즘이 원시 미개시대의 잔존이라고 여겨 타파하려는 것이다.

한편 연구자들은 문화재로 취급하여도, 신앙의 복귀는 아니라는 입장을 취한다. 그러므로 복원된 것이라 하여도 신앙적인 것이라기보다는 그 속의 일부 요소인 의례의 문화적 요소인 것이다. 만일 신들리는 장면이 있다고 하여도 연출로써는 가능하여도 마을 사람들의 신앙으로 의미 지을 수는 없다. 따라서 최근에 복원된 무속이나 샤머니즘은 거의 박제된 것이거나 박제화 과정의 것이라 할 수 있다.

중국 동북지방의 소수민족으로서 퉁구스족은 알타이어족에 속하며 체질은 황색인종에 속한다. 그중 비교적 대표적이라 할 수 있는 에벵키족, 오로촌족, 만족에는 샤머니즘이 지금까지 남아 있다. 그러나 오랫동안 실시되어 온 사회주의체제 속에서 살아오면서 샤먼들은 사회적으로 참혹한 경시와 탄압을 받아왔다. 중국 정부는 샤머니즘을 원시 노예시대의 미신적인 잔류라 몰아붙이고 가차 없이 탄압했다.[9] 특히 문화대혁명 시기인 1966-1976년 사이에 샤먼들은 심한 고난을 겪었다고 한다. 현재 샤먼들도 신앙의 자유를 보장받고 있고, 학자들은 정부의 원조까지 받아가면서 조사 연구를 하고 있다. 시베리아 동부로부터 중국 동북, 한반도 북부, 사할린에 분포된 몽골계의 수렵민족 사이에는 아직도 잔존하고 있는 샤머니즘은 법적인 보호를 받는 종교로서 존재하는 것이 아니라, 일종의 「소주민족의 문화현상」으로 자리 잡고 있다. 이렇듯 샤머니즘은 지금까지도 공적인 신앙생활로서 인정되지 못하고 있다.

만뚜얼투滿都爾圖는 1992년 「중국사먼교연구적십년中國薩滿敎研究的十年」이라는 논문에서 당시까지 중국 학계의 샤머니즘 논쟁을 (1) 샤머니즘은 종교인가, (2) 샤머니즘의 성격, (3) 샤머니즘의 형성 연대, (4) 샤머니즘의 내용, (5) 샤머니즘의 변천 등 다섯 가지로 정리하였다. 아래에서는 먼저 당시의 만뚜얼투가 분석한 내용을 정리해 보고 10여 년이 지난 현재의 상황을 비교하면서 중국 샤머니즘의 연구 현황과 문제의식을 살펴보겠다.

(1) 샤머니즘은 종교인가?

이 물음에 대해 중국 인문사회과학 분야의 명망 있는 공구서적들 -『중국대백과전서中國大百科全書』의 『종교宗敎』(1988), 『종교사전宗敎詞典』(1981), 『민족사전民族詞典』(1987) 등 - 의 기술은 긍정적이다. 대부분 연구자들의 논저도 사만교를 원시종교 혹은 원시종교에서 현대종교로 넘어가는 과도기의 종교로 규정한다. 샤머니즘은 샤먼의 활동을 핵심으로 하는 비교적 완성된 원시종교로 보는 것이 현재 중국 학계의 일반적인 견해이다. 반면 1980년대만 해

---

9 Wu Bing-an, "Shamans in Manchuria: past and present," Hoppal and Sadovsky (eds.), *Shamanism*, Budapest: Ethnographic Institute, Hungarian Academy of Sciences; Los Angeles: International Society for Trans-Oceanic Research, 1989, p. 264.

도 샤머니즘은 종교가 아니라는 견해가 있었다. 샤머니즘은 단순히 샤먼을 중심으로 하는 문화현상으로 그 핵심은 무술巫術일 따름이라는 이론이 그것이다. 이에 대해 사만교는 어떤 민족들의 자연종교로 봉건미신의 무파巫婆와는 구별되어야 한다는 반론이 있다. 사만교 역시 봉건미신으로 타파되어야 할 대상이라는 주장이 있었으나, 현재 이를 수용하는 샤머니즘 연구자는 거의 없다. 그러나 종교 자체에 대한 정의에서의 문제로 종교를 믿음의 대상과 믿는 사람과의 관계로 폭넓게 해석하는 종교인류학과 문화상대주의의 관점은 아직 제기되지 않는다.

(2) 샤머니즘의 성격 및 형성 시기

연구자 절대다수가 샤머니즘을 '말기의 원시종교의 일종', 혹은 '원시종교 일종의 말기 형식'으로 규정한다. 구체적인 샤머니즘의 형성 시기도 모계 씨족사회의 중말기[10] 혹은 모계 씨족사회의 쇠락기와 부계 씨족사회 발전의 전단계[11]로 상정한다. 그러나 일부는 원시시대의 자연발생적 다신교가 인위적 일신교로 넘어가는 과도기의 종교[12]로 보기도 한다. 또한 일부는, 만족의 경우 17세기경 청나라를 건국하면서 봉건사회체제로의 변화와 함께 천신天神 위주의 인위적 일신교로 바뀌었다거나 몽골족 역시 원나라가 들어서면서 원시종교에서 벗어나 일신교의 특징을 갖게 되었다고 역설한다.

고고학 분야에서는 신석기시대의 것이 1차적인 연구 대상이 되는데, 이는 종교관념의 확산과 후의 청동기, 역사시대와의 관계에서 중요하기 때문이다. 그리고 그 해석[13]은 마찬가지로 앞서의 종교 진화론적 해석을 따른다.

10 滿都爾圖,「薩滿敎硏究的十年」,『世界宗敎硏究』2, 北京: 中國社會科學出版社, 1992.

11 劉小萌,『薩滿敎與東北民族』, 長春: 吉林敎育出版社, 1990.

12 劉建國,「關于薩滿敎硏究的機個問題」,『世界宗敎硏究』2, 北京: 中國社會科學出版社, 1981.

13 于锦绣·杨淑荣,『考古卷』, 呂大吉·何耀華總主編,『中國各民族原始宗』資料集成』, 北京: 中

(3) 샤머니즘의 분포지역

샤머니즘의 분포지역을 크게 광의와 협의의 두 개념으로 나누어 보는 견해가 있다. 광의로는 샤머니즘을 세계 각지 원시민족의 토착 민족신앙으로서의 원시종교로 보는데, 특히 아시아와 유럽 북부, 북아메리카 등 지구 북반부에 분포하는 것으로 파악한다. 협의로는 중국 동북지역과 서북 변방의 알타이어계 제 민족의 원시종교로 파악한다. 여기서 샤머니즘을 광의의 개념으로 세계의 보편적인 종교 현상으로 보는 것과 협의의 개념으로 시베리아와 중앙아시아 일대에 국한된 것으로 보는 일반적인 학계의 샤머니즘 분포 이론과는 약간의 차이가 있다.

(4) 샤머니즘의 내용

원시종교는 자연숭배, 토템숭배, 조상숭배가 주요 내용이라는 것에 대해선 이견이 없다. 단 자연숭배와 토템숭배 중 어느 것이 선행하였는가에 대한 논쟁이 있다. 일반적으로 자연숭배는 종교관념의 생성과 동시에, 토템은 모계 씨족사회의 번영기에, 조상숭배는 부계 씨족사회에 정립된 것으로 본다. 그 증거로 북방 소수민족사회에서 토템숭배의 흔적은 있으나 많지는 않다는 것이다.

(5) 샤머니즘의 변천

샤머니즘의 변천은 해당 집단의 사회경제와 정치제도의 변화와 밀착되어 있다. 학자에 따라서는 이를 극단적으로 해석하여 많은 민족에게 샤머니즘이 사라졌다고 주장한다. 예를 들어 만족의 선민은 말갈 여진인데, 만족에 이르러 사회·정치의 변화를 겪으며 샤머니즘이 소멸되었다는 것이다. 현재 남은

國社會科學出版社, 1996, pp. 42-44.

것은 단지 샤먼교의 유풍일 따름이다. 이러한 인식은 과거 인류학에서의 잔존survivals 개념을 그대로 받아들인 것이다. 이를 전통문화의 측면에서 긍정적으로 받아들이는 연구자들은 샤머니즘을 흔히 과거의 '살아 있는 화석活化石'으로 비유한다.

이상의 내용은 대부분 10년 전의 연구 성과이다. 10년의 기간 동안 상황은 많이 바뀌었다. 연구 여건의 변화와 연구자의 세대교체가 동시에 이루어졌기 때문이다. 중국의 샤머니즘 연구는 1949년 중화인민공화국 성립 이전인 1930년대 쉬로코고로프S. M. Shirokogoroff와 링춘성凌純聲을 시작으로 별다른 진전이 없다가, 개혁개방 이후 1980년대 들어 치우푸秋浦, 푸위광富育光, 냐오빙안烏丙安, 만뚜얼투滿都爾圖, 지앙즈천張紫晨, 쏭자오린宋兆麟 등이 활발한 활동을 벌이며 부흥한다. 이후 1990년대 들어 왕홍깡王宏剛, 멍훼이잉孟慧英, 궈슈윈郭淑雲, 써인色音 등의 연구자로 이어지며 전환기를 맞게 된다. 이들 대부분은 40-50대의 중장년으로 중국 샤머니즘 연구의 신진그룹에 속한다. 이들은 개혁개방 이후인 1980년대에 대학을 졸업하고 1990년대 이후 국외 학자들과 빈번한 교류를 유지해 왔다. 이러한 요인이 중국 샤머니즘 연구의 체질 변화를 가져온다.

특히 개혁개방 이후 중국의 사만문화 연구는 대단히 왕성해졌다. 그 연구 방향은 대체로 현지 조사 연구를 비롯하여 사만문화의 이론적 탐색, 사만문화의 비교 지역적 연구, 사만문화의 표현 예술성과 문학성, 그리고 사만문화의 중요 인물 탐구 등으로 전개되었다. 특히 1980년대 초에는 개혁개방정책으로 종교 연구가 정상적인 궤도에 올랐고, 사만문화도 개방적 태도로 광범위한 영역의 연구가 진행되었다. 만주어와 몽골어를 지닌 민족은 대량의 사만 신화와 가계의 족보를 지니고 있었다. 주로 1980년대에서 1990년대 초기에 이르기까지는 사만문화이론의 초기 탐색단계에 해당한다. 이 시기의 대표적인 연구와 작품으로서는 치우푸秋浦가 편집한 『사만교연구薩滿敎硏究』 (1985)가 있다. 이 밖에도 푸위광의 『사만교와 신화』(1990), 우런伍韌의 『사만교의 변화와 몰락』(1981), 위에칭岳靑의 『중국의 사만교』(1981) 등이 사만 연구의 괄목할 만한 성과다.

1990년대 이후부터는 국제적인 학자들의 학술교류로 사만문화이론이 더욱 심층적으로 발전하게 된다. 역시 푸위광의 『사만론』(2000)은 주목할 만하다. 이 책은 북방문화의 초기 사만교의 궤적을 일별하고 있을 뿐 아니라, 씨족의 성자로서의 사만을 조명하고, 사만 원시 신론神論과 '미혹과 어리석음迷痴'의 형태로 심리분석을 하고 있다. 더 나아가서 그는 사만 조형예술과 상징적 의미 등을 설명한다. 그는 사만문화가 지닌 전 지구적인 보편적 표현으로서의 무속적 기술을 비교적 관점에서 설명하고, 또 다른 차원에서는 사만문화 초기의 지리적 범위와 누적되어 온 고대 문화유산을 역사적 관점에서 서술하고 있다. 그리하여 그는 고대의 인간이 추위와 어려운 환경에서 어떻게 자신들의 생명을 고양시켜 왔는가 하는 문제를 역사와 지리환경적 관점에서 사만문화를 조명하고 있다. 멍훼이잉은 『진봉적우상尘封的偶像: 사만교관념연구薩滿敎觀念硏究』(1999)를 통해 사만교의 다양한 상징체계를 분석하고 있다. 예컨대 영혼관, 신령관, 신성관神性觀에 입각하여 동물신과 자연신, 생육신生育神 등의 주요 신들에 대한 신앙관을 잘 서술하고 있다. 이 외에도 궈슈윈은 『원시활태문화原始活態文化: 사만교투시薩滿敎透視』(2001)라는 저술에서 그간에 이룩한 다양한 자료를 섭렵하여 만족, 어룬춘족鄂倫春族, 어원커족鄂溫克族, 시보족錫伯族 등의 지역을 중심으로 하여 고고학과 인류학, 민족학 등의 지식을 활용하면서 사만문화의 우주관과 영혼관 및 그 의례와 제식祭式, 신복神服, 금기禁忌, 치병治病, 조형예술 등을 폭넓게 연구하고 있다.

이상에서 언급한 사만문화의 이론적 연구 외에도 비교연구와 예술성에 관한 연구 등이 진행되고 있다. 비교연구 분야에서는 리우샤오멍劉小萌과 딩이

좡定宜庄이 공저한『사만교와 동북민족』(1990)이라는 저술에서 유목생활을 하면서 물고기를 잡거나 사냥을 하던 동북 소수민족의 사만교 원시신앙의 내용을 설명하면서, 장기간에 걸친 혈연중심사회의 경제와 문화의 관계를 분석하고 있다. 특히 푸위광과 멍훼이잉이 공저한『만족사만교연구滿族薩滿教研究』는 만족 사만문화의 다양한 측면과 더불어 사만교의 역사적 변천과정을 잘 설명하고 있다. 물론 좡지파庄吉發처럼 사만신앙만을 별도로 역고찰한 경우도 있고, 중국 사회과학원 종교연구소의 연구원 뤼따지呂大吉가 종교의 4가지 요소를 중심으로 사만문화를 독창적으로 해석한 경우도 있다.

사만문화의 표현 예술적 측면에 대한 연구도 아주 활발해졌다. 특히 사만이 신을 찬미할 때 부르는 신가神歌나 그 가사 또는 무도舞蹈 양식은 뛰어난 예술성을 지니고 있는데, 이러한 신가는 동아시아 일대에 많이 전파되었다. 이러한 사만음악과 관련된 주된 연구로는 리우꿰이텅劉桂騰의『만족사만악기연구滿族薩滿樂器研究』(2004)가 있다. 이 책에서는 만족 사만의 각종 악기의 형태를 분류하고, 각 악기의 상징적 의의와 특징뿐 아니라 만족 민속의 환경과 그 문화적 지위 및 사회적 기능까지 세밀히 잘 설명해 주고 있다. 이는 중국 사만 음악문화를 보여 주는 중요한 자료가 된다고 할 수 있을 것이다. 또한 사만문화의 대가로 그 명성을 날리고 있는 푸위광은 근래에『사만예술론』(2009)을 저술하여 지금까지의 사만예술을 집대성하고 있을 뿐만 아니라, 앞으로의 사만예술론을 심층적으로 발전시킬 수 있는 토대를 마련해 주었다고 평가할 수 있다.

사만문화의 또 하나의 큰 특징은 역시 사만문학에서도 찾을 수 있다. 지방 색채가 매우 강한 민간문학으로서 민족신앙을 묘사하고 노래 부르며 역사시와 신화, 그리고 전설과 고대의 종교적 일화 등을 표현하고 있다. 이러한 사만 문학작품은 모두 인구에 널리 회자되어 귀에 익숙하도록 구전문학과 곡예의 형태로 지금까지 전승되고 있다. 사만문학의 대표적인 작품으로는 린친다오얼지仁欽道尔吉와 랑잉郞櫻의『알타이어계 민족서사문학과 사만문화』(1990)가 있다. 이러한 사만문학 중에는 이른바 '니산학尼山學'을 탄생시킬 만큼『니산사만尼山薩滿』은 민간전승 문학에 있어서 대단한 영향을 끼치고 있다. 만주어로 기록된『니산사만』의 전승傳承은 풍부한 종교적 색채와 우여곡절이 많은 기이한 이야기들을 담고 있으며, 만족의 역사시로서의 가치도 지니고 있다. 이러한 '니산학'으로서의 사만문학은 이미 국제적인 연구의 대상이 되고 있는데, 그 이유는 문학과 언어학 그리고 역사학과 종교학, 민속학 등의 다양한 방면에서 연구 가치가 크기 때문이다.『니산사만』에 대한 본격적인 연구서로는 자오즈종趙志忠의『사만의 세계: '니산사만'론』(2001)이 있다. 이는 '니산학'의 연구 대상과 방법 및 '니산사만'의 연구 가치와 사상 내용, 예술적 특징 등에 대한 설명 외에도 종교적 차원에서의 신가, 설창문학說唱文學, 사만전설의 비교연구 등이 돋보이는 작품이다.

만뚜얼투는 앞의 글에서 그간 중국 샤머니즘 연구 논저의 주요 논점을 중국 고대 북방민족의 사만교 연구, 사만교와 기타 종교문화 형태와의 비교연구, 사만교의 숭배 내용에 대한 종합토론, 사만교와 예술, 사만의 장식과 법기法器, 중국 서북지역 알타이어계 돌궐어족 제 민족의 사만교, 국외 학자의 이론 소개로 정리하였다.

2000년 이후 중국 샤머니즘 학계에서는 몇 권의 전문 저작이 출판되었다. 출판 연도별로 정리하자면 멍훼이잉의『중국북방민족사만교中國北方民族薩滿敎』(2000), 궈슈원의『원시활태문화原始活態文化: 사만교투시薩滿敎透視』(2001), 그리고 황창黃强 써인色音의『사만교도설薩滿敎圖說』(2002)이다. 앞의 두 책은 샤머니즘에 대한 일종의 개괄서로 샤머니즘의 정의와 범주, 중국 샤머니즘의 내용을 비교적 종합적으로 담고 있다. 또한 이 두 책은 중국의 샤머니즘 연구가 양과 질적인 면에서 발전하고 있음을 보여 준다. 일부 기존의 연구 성과를 집대성한 측면도 있지만, 연구 주제의 폭과 방향성 등을 넓힌 성과물이다. 기본적으로는 중국 학계의 일반적 이론에 따라 샤머니즘을 바라보지만, 그 이전 세대에 비해 도식적인 요소는 상당 부분 줄어들었다. 또한 시종 긍정적인 맥락으로 각 항목을 서술하여 샤머니즘이 전통문화의 전승과 유지에 매우 중요하다는 것을 강조하고 있다. 『사만교도설』은 제목 그대로 많은 도판과 함께 몇 편의 논문을 엮은 것이다. 도판의 가치와 함께 방법론에서도 참신함을 준다. 예컨대 무격과 수호령, 보조령의 관계를 다룬 논문에서는 중국 동북지역의 호선胡仙 여우신앙을 연구하며 『태평광기太平廣記』의 호선전설 부분과 비교하는 등의 시도로 연구 주제의 다양화와 재해석에 일조하였다.

4. 나가면서

앞장의 말미에서 나는 중국 샤머니즘 학계의 최근 경향에 대해 긍정적으로 말하였다. 그러나 그것이 더욱 발전하기 위해서는 극복해야 할 과제 또한 많다. 몇 가지 문제점을 짚어 보기로 한다. 우선 샤머니즘 이해의 기본 틀이 진화론적 유물사관에 바탕을 두고 있어 연구의 저변 확대를 어렵게 한다. 무교와 사만교의 분리 연구도 같은 맥락이다. 『사만교도설薩滿敎圖說』의 저자들은 그 고충을 머리말에서 우회적으로 피력한다. 저자들이 사만교의 정의와 용어 사용에 대해 말한 것의 요지는 다음과 같다.

우리는 사만교를 광의와 협의의 개념으로 구분하여 사용한다. 협의의 샤머니즘은 시베리아를 중심으로 동북아 각 민족, 특히 퉁구스민족에 퍼져 있는 민간의 신앙이며, 광의의 개념은 세계의 유사한 보편적인 종교 현상을 가리킨다. 중국 내에서 사만교는 신령부체神靈附體를 특징으로 하는 민속종교 현상이며, 무교는 무술巫術활동이 중심이 된다. 국제적으로는 샤머니즘과 무교를 달리 구분하지 않고 샤머니즘이라는 용어만 통용된다. 이러한 사정으로 우리는 샤머니즘이라는 용어를 사용한다.[14]

무교와 사만교를 분리하여 연구하는 중국 학계의 사정은 무교 방면의 연구이론이 사만교 연구에 비해 약하게 된 원인의 하나를 제공한다. 샤머니즘 분야는 어느 정도 국외의 이론을 받아들여 활용하지만, 무교는 샤머니즘이 아니라는 인식하에 있어 이론 습득에서 상대적으로 열세에 처해 있다. 국외 이론 역시 특정 저자의 것만이 소개되어 일률적인 해석의 방법론으로 사용된다. 1980년대 중반 엘리아데M. Eliade의 『샤머니즘Shamanism』과 레비스트로스C. Levi-Strauss의 『야생의 사고La Pensée sauvage』가 중국어로 번역된 이래 연구자들에게 두루 인용되어 온다. 문제는 이들 저작에 대한 건설적인 비판과 검증이 없이 중국의 상황에 그대로 적용한다는 점이다. 엘리아데의 이론에 근거하여 샤먼의 엑스터시 현상이 샤머니즘의 필수 요소이며 중국의 샤머니즘이 퍼제션 유형이라는 견해가 일반적으로 확산되고 있다. 레비스트로스의 경우는 많은 샤머니즘 연구자가 직·간접으로 민족학 또는 인류학과 연관되어서인지 샤머니즘의 신화와 철학 분석에 종종 인용된다. 이러한 상황은 당분간 계속될 것으로 보인다.

중국 문화에서 샤머니즘과 관련되는 문화 요소와 이와 관련된 학문 분야는 매우 많다. 민족학(인류학)을 필두로 역사학·종교학·철학·문학·신화학·축제학, 그리고 음악·연극·무용 등의 전통예술 분야 전반이 그러하다. 본래 이 글의 의도는 이들 분야의 샤머니즘 연구성과까지 포함하는 것이었으나 다루지 못하였다. 실제로 인접학문 분야와 연계된 공동 연구는 중국 샤머니즘의 복합적인 특성상 필수적이다. 그러나 각 분야에서의 샤머니즘 연구는 아직 종합적으로 결집되지 못하여 샤머니즘의 요소요소를 다룬 자료는 없

---

14 黃强 色音, 『薩滿敎圖說』, 北京: 民族出版社, 2002, pp. 3-4.

는 형편이다. 재미 고고학자 지앙광즈張光直이 중국 고대문명을 '샤머니즘형 문명'이라고 말한 이후 1980년대 후반부터 중국 고고학계에서는 샤머니즘 연구열이 고조되었다. 그러나 많은 학자들이 샤머니즘에 대한 기본적인 명확한 지식이 없어 아직까지 만족할 만한 수준에 이르지 못함[15]이 지적된 것처럼 학제 간 연구는 시급하다.

나아가 중국 외 다른 지역과의 비교연구가 절실하다. 현재 중국 외에 샤머니즘에 대한 심도 있는 현지조사나 연구를 수행하는 중국학자는 거의 없다. 이를 극복하기 위해 심도 있는 국제적인 학술교류와 현지 조사가 이루어져야 한다. 현재 중국의 신진 연구자들은 현지 조사에 정성을 쏟는다. 아직까지 행정기관의 비협조적인 자세, 세간의 인식 등이 장애 요인으로 남아 있지만, 이들은 현지조사를 통해 기존 조사의 오류나 미비점, 샤머니즘의 현 상황 등을 밝혀내고 있다. 이러한 결과는 최근의 자료에 그대로 반영되고 있다. 이러한 점에서 중국 샤머니즘 연구의 미래는 낙관적이다. 오히려 문제는 다른 곳에 있다. 현재 중국의 샤머니즘 연구자들의 가장 큰 고민은 중국 사회의 변혁이다. 현대화, 도시화 개발과 환경파괴가 확산되는 시점에서 샤머니즘을 위시한 전통문화의 단절이 우려된다고 증언한다. 그러한 이유로 최근 샤머니즘과 환경, 전통문화와의 상관성을 강조하는 목소리가 높다. 그들의 고민이 헛되지 않기를 바란다.

중국 샤머니즘은 그 자체로서의 연구 영역 외에도 그것이 시베리아, 중앙아시아, 인도, 동남아시아 등과 지리적·문화적으로 연결되어 있고, 그 연장선상에 한국, 일본, 등의 종교문화와도 밀접한 관련이 있기에 더욱 중요하다. 동시에 샤머니즘이 종교라는 영역에 국한되지 않고 이와 관련된 전통문화 전반의 기층을 이루고 있어 연구자에게 풍부한 자료를 제공하여 준다.

---

15 위의 책, p. 5.

중국 내 샤머니즘에 대한 이해는 기실 하나의 문화복합체인 중국 문화의 틀 안에서 이해해야 하기 때문에 그 가닥을 잡기가 그리 용이하지 않다. 특히 역사적, 고고학적 자료의 해석과 지역사 및 환경, 전반적인 종교문화와 민족문화에 대한 이해 등이 복잡하게 얽혀 있기 때문이다. 이 글에서 이들 모두를 다루어 내기란 힘들었다. 따라서 앞으로 이들 문제를 좀 더 심도 있게 풀어야 하는 과제가 더 주어진다.

제5장

무속의 관계적 인식론 : 기독교 자연관과의 비교를 중심으로

김동규

1. 들어가면서

한 연구에 따르면 서울 시내에서는 한 해 동안 약 3만에서 4만여 건의 굿이 벌어진다.[1] 정확한 통계라기보다는 추산된 수치에 불과하지만, 만약 이 수치와 무속에 대한 물질주의적·주술적 기복신앙이라는 혐의를 무비판적으로 수용하게 된다면 수많은 현대 한국인들은 물질의 풍요만을 추구하고 동료나 주변 세계에 대한 도덕적 책임을 회피한 괴물 같은 모습으로 그려지고 말 것이다. 반대로, 이 수치를 '한국인의 종교성'이 현재까지 대다수 민중들의 종교적 실천 속에서 전승되고 있다는 관념에 결합시켜 이해한다면,[2] 무속이 여

---

1 홍태한, 「도시와 무속: 서울굿을 중심으로」, 『실천민속학』 9, 실천민속학회, 2007, p. 106. 이 수치는 서울과 서울 근교에 위치한 굿당의 개수, 그 굿당에서 한 해 평균적으로 실시되는 굿, 그리고 이 지역 무당들의 개별 신당에서 개최되는 의례들의 평균을 추산한 것이다. 정확한 통계수치를 확인하는 것은 현실적으로 불가능하지만, 필자의 조사경험을 통해서 볼 때 홍태한의 이 추산은 전혀 무리한 억측은 아니라고 생각한다.

2 '한국인의 종교성'이라는 표현은 논란의 여지가 있다. '한국'의 범위를 정의하는 것도 어려울 뿐

전히 한국인들의 삶에서 종교적인 가치를 지니고 있음을 입증한다고 볼 수 있다. 현대 한국 사회에서 이루어지는 무속에 대한 상반된 가치평가와는 별개로, 무속의례가 빈번하게 관찰 가능하다는 사실 그 자체는 무속에 대한 단순한 기술description을 넘어서는 새로운 이해의 틀이 필요함을 부각시킨다.

종교로서 무속의 현재적 의미를 이해하기 위해서는 현대 한국인의 삶에서 무속이 어떤 의미와 가치를 가질 수 있는지 설명할 수 있어야 한다. 예를 들어 무속을 객관화시키고 객관화된 무속의 개별적인 요소를 따로 분해하는 접근 방식, 이른바 유형론적인 분류를 통한 이해 방식은 무속을 다른 종교 전통과 비교를 하는 데는 효과적이지만 무속의례를 실천하는 사람들에게 무속이 가지는 종교적 의미를 설명해 주지는 못한다.[3] 아울러, 복원주의적 입장에서 고대의 무속 원형을 발굴해 내고 현대의 무속을 세속화 및 타락화된 것으로 이해하는 입장 역시 무속의 현재적 의미를 있는 그대로 이해하기보다는 교정하려는 의도를 지니기에 무속 이해의 적절한 틀이 되지 못한다. 결국 현대 한국인들이 가진 무속의 종교적 의미를 이해하기 위해서는, 무속의례에서 전달되는 규범적 메시지canonical message가 어떻게 의례 실천자들의 삶을 이해하는 모델model of로써 기능하고 동시에 삶을 위한 모델model for을 제시하는지 설명할 수 있어야 한다.

필자는 이 글에서 무속의례가 전하는 규범적인 메시지가 인간과 신령, 인

아니라 순수한 한국인의 종교성이라는 것이 있는지 역시 입증하기 어렵기 때문이다. 그럼에도 불구하고, '한국인의 종교성'이 지닌 독특성을 고대의 천신의례부터 현대 무속신앙까지 연결시켜 해석하는 경향은 일제강점기 국학자들의 시각으로부터 현대의 무속연구서에까지 일반적으로 발견된다.

3 이와 같은 종교 연구는 '종교'를 종교인과 분리시켜 따로 외재하는 객관적 사물로 이해하게 만드는 경향이 있다. 종교학자 윌프레드 켄트웰 스미스Wilfred Cantwell Smith는 일찍이 이와 같은 접근 방식을 '물상화된reified 종교'라는 개념으로 비판한 바 있다. Wilfred C. Smith, *The Meaning and End of Religion*, Minneapolis, Minnesota: Fortress Press, 1991.

간과 인간, 나아가 인간과 주변 세계의 관계에 대한 무속 특유의 메시지를 전달하고 있다고 전제한다. 구체적으로 인간의 삶과 죽음의 문제와 관련하여 최초 신령에게서 부여된 은총과, 그 은총에 대한 보답으로써 인간의 정성이 물질화되고 가시화된 무속의례는 인간이 주변세계에 대해 지고 있는 도덕적 의무를 극화한다는 것이다. 아울러, 이러한 이해의 틀은 현대사회 속에서 무속이 어떤 가치를 가지는가 하는 질문에 대한 해답을 제시할 수도 있을 것으로 기대한다. 다만 독자가 염두에 두길 바라는 점은, 주변적 세계에 대한 무속적 사고의 특징이자 규범적 메시지는 무속의례를 실천하는 사람들이 의식하는지에 대한 문제와는 별개로 연구자의 분석을 통해서 발견된다는 점이다.

이 글의 구성은 다음과 같다. 먼저, 왜 현대사회에서 무속을 다뤄야 하는가라는 문제의식과 관련하여, 무속에 전승되고 있다고 가정되는 고대적 관념 혹은 한국적 전통에 대한 신화적 입장을 '도제 관계'가 설명해 줄 수 있는지에 대한 문제를 다룬다. 많은 연구서들에서 무속 전통의 단절 혹은 파행이 신어머니와 신딸 사이의 도제 관계의 해체에서 비롯된 것으로 간주되기 때문이다. 그러나 필자는 신부모와 신자식 간의 직접적인 도제 관계를 제외하고서도 무속 전통의 지속성은 무속의례의 규범적 메시지 분석이라는 공시적 접근을 통해서 가능하다고 전제한다. 그 다음에는 무속의례의 대표적 유형인 굿에서 신령과 인간의 관계가 어떻게 무속이 전승하고 있는 규범적인 메시지를 구체화하는지 검토한다. 그리고 신령과 인간 사이의 호혜적 관계가 인간을 둘러싸고 있는 세계에 대한 인간의 도덕적 의무로 확장되어 갈 수 있는지 고찰한다. 마지막으로 신령과 인간의 호혜적 관계에 바탕을 둔 무속적 사유 방식을 기독교의 자연관과의 비교를 통해서 선명하게 부각해 볼 것이다.

2. 무속적 종교성의 전승 양식

　　무병을 앓고 나서 신어머니에게 본격적인 무업을 전수 받았는데, 그 과정이 매우 흥미롭다. 먼저 잔심부름을 많이 시켰다고 한다. 예컨대 제기나 요강을 닦는 일을 시키기도 하고, 물동이에 물을 담아서 이고 오게 한다든지 뜨겁게 삶은 잿물 빨래를 하게 한다든지 갖가지 잡일을 시켰다고 한다... 그런데 실상 잡일을 했던 경험이 실제 굿을 하기 위한 밑천 노릇을 했다고 한다.[4]

위 인용문은 무속 전통을 비교적 온전하게 계승했다고 평가되는 서울의 한 박수가 과거 자신이 무업을 배울 때 느꼈던 고단한 과정을 회고했던 내용을 기록한 것이다. 이외에도 신부모의 혹독한 감독과 수련에 절대적인 복종을 통해서 이루어지는 '전통적인' 무업 전승 과정은 소위 '전통 무당'으로 알려진 무당들의 회고담 속에서, 그리고 이들을 면담 조사하고 기록했던 연구자들의 언술 속에서 자주 관찰된다. 무업에 필요한 다양한 재주를 배우는 것 이외에도 신부모가 신령을 섬기는 태도나 단골을 상대하는 자세를 바로 옆에서 관찰하면서 배우는 무속의 전승 방식인 도제 관계는 김인회가 주장하듯이 신어머니의 인성과 삶에 대한 태도를 전승하는 교육 방법을 특징짓는 것이라 할 수 있다.[5] 필자는 도제 관계를 강조하는 무속 전승 방식의 수사 rhetoric를 일종의 담론 정치학으로 생각하는데, 학습자의 창조적인 측면보다는 도제 관계를 통해서 온전히 전승되는 '무엇'을 강조하기 위한 전략이라고 간주하기 때문이다. 이 입장은 도제 관계의 무업 전승이 사실인가 허구인가라는 문제를problematic보다는 도제 관계의 강조가 결과하는 담론적 효과에 대한 탐구로 이어지며, 한국 사회에서 무속이 정의되고 구성되었던 과정에

4　김헌선, 『한국 화랭이 무속의 역사와 원리』, 지식산업사, 1997, p. 34.
5　김인회, 『한국무속사상연구』, 집문당, 1993, p. 229.

대한 고찰로 귀결된다.

이미 잘 알려져 있듯이, 무속이 공적인 담론 영역에서 본격적으로 한국의 '전통' 혹은 '한국적인 것Koreanness'과 결부된 것은 특정한 역사적 조건에서 비롯된 구축물이라 할 수 있다. 구체적으로, 일제강점기의 국학자들에 의해 발견된 '민족', 60년대 이후 서구화 과정 속에서 재강화된 '민족'의 뿌리이자 원형으로 '무속'의 재발견은 당대 관찰 가능한 무속 실천을 '민족문화'의 시원으로 소급해서 설명할 수 있는 시대적 조건에 부합한 것이었다. 현재 실천되는 무속이 고대적 전통의 지속이라는 무속담론이 정당성을 갖기 위해서는 무업이 전승되는 과정에서 가급적 변화가 없었다는 점을 전제해야 한다. 그러나 무속에 대한 역사적인 기록이 파편적인 형태로 잔존하며 - 심지어는 그런 기록들은 타자의 시선으로 기록되었다 - 무속 실천자들의 자체적인 목소리가 기록되지 않았던 배경에서 '전통적인 무속'은 과거의 기억과 특정 시기의 지적 패러다임에 의해서 '만들어진 전통'일 뿐이라는 한계를 갖는다. 이런 맥락에서 도제 관계를 통한 무업 전승이라는 관념은 노老만신들이 가졌던 기억의 불완전성에 대한 의구심을 해소하는 효과적인 전략을 완성하는 것이었다고 볼 수 있다.

> 무당은 제 신부모를 육친 모시는 것과 똑같이 섬겨야 한다. 예컨대 그가 어떤 굿을 맡아 하게 되면 신부모를 굿판의 상석에 모셔야 한다. 굿이 끝난 후 벌이의 한 몫을 신부모에게 바친다. 명절이나 신부모의 진적굿 날에는 신부모를 꼭 찾아뵙고 식구마냥 도와야 한다. 신부모가 죽으면 그 진오기굿을 맡는 것도 신자식의 일이다. 이것이 무당이 제 신부모 모시는 전통적인 법도이거니와 오늘날 이대로 지키는 무당은 찾아보기 극히 힘든 실정이다.[6]

---

6 조흥윤, 『무와 민족문화』, 민족문화사, 1990, p. 42.

한편 위 인용문을 통해서 볼 수 있듯이 도제 관계를 통한 무속의 전승 방식 논의는 두 가지 함의를 가진 채 전개되는데, 하나는 위에서 언급했던 '전통'의 지속성을 강조하는 것이며, 다른 하나는 '타락한' 것으로 규정된 현대의 무속 실천에 대한 교정적인 시각을 정당화하는 쪽으로 전개된다. 후자에 대해 살펴보면, 도제 관계는 이제 더 이상 현대의 무속을 특징짓는 교육 방식이 아니며 교육 양식의 해체가 현대 무속의 부정적인 측면의 한 원인이라는 것이다. 전통적인 도제 관계의 해체로 인해서 제멋대로인 무당들이 양산되고 있으며 이들의 무속 실천이 고유의 무속사상을 왜곡한다는 논리이다. 흥미로운 점은, 교정의 대상으로 지목된 현대사회의 다양한 무속적 실천들이 여전히 '무속'이라는 범주로 분류되며, 파편화되고 수없이 생략된 다양한 굿 역시 '굿'으로 개념화된다는 점이다. 지금의 단골들이 예전과 달리 조상에 대한 관심보다는 현세적인 이익을 추구한다고 한탄하는 용수엄마의 한탄이나[7] 무속의 '원형'을 발굴 및 보존하려는 학자들의 향수nostalgia를 배신하는 다양한 의례적 실천들 역시 '굿'으로 분류되는 점은 설명될 필요가 있다.[8] 이에 대한 대답 중 가장 단순하게 제시될 수 있는 것은, 비록 파편화되고 타락한 유형의 의례일지라도 한민족의 정체성과 관련된 기원과 현재 그리고 미래까지를 전망하는 데 일부일 뿐이지만 효과적인 서사narrative로 기능을 할 수 있다는 기대를 들 수 있다.

필자가 보기에 무속이 가지는 고대와 현재 그리고 미래를 연결시켜 주는 서사적 기능에 대한 검토는 불완전한 기억이나 파편적인 역사 기록에 의존하여 무속사상을 찾고, 현재의 무속 실천에서 유사한 점을 찾아 비교하는 이른바 통시적인 접근으로는 한계가 있다. 예를 들어서, 현재 무속의례와 유

---

7 L. Kendall, *Shamans, Nostalgia, and the IMF: South Korean Popular Religion in Motion*, Honolulu: University of Hawaii Press, 2010.

8 이런 유형의 굿은 '짬뽕굿'이라 비난되기도 한다.

사한 유형의 굿에 대한 기록이 12세기 문헌에 발견된다는 주장이나 고대의 국조신화와 현대의 관찰 가능한 무속의례 사이에서 보이는 구조적 유사성을 통해서 무속사상의 지속성을 추론해 내는 방식이 이에 해당한다.[9]

물론 이와 같은 방식을 제안하는 선배 연구자들 역시 공시적인 접근, 즉 풍부한 현지 조사를 통해서 이미 현재 실천되고 있는 무속에서 구조적으로 드러나는 특징들을 파악했다는 점에는 이견이 없다. 공시적인 연구를 통해서 굿의 원리, 사상, 구원관을 '조화'로 개념화한 사례들이 이에 해당한다. 여기서 '조화'란 굿에 참석한 사람은 물론 잡귀잡신들까지 하나도 서운하지 않도록 베풀어 먹이는 연행적performative 특성, 굿 연행 도중에 참석한 사람들의 감정을 일방적으로 몰아가지 않고 적절한 조율을 위해 마련된 공연 장치들로 예시되며,[10] 그리고 보다 추상적이고 우주론적인 개념을 활용하여 '굿판에서 이루어지는 천지인天地人의 합일' 등으로 표현되기도 한다.[11] 필자 역시 지금까지 참여 관찰한 굿을 토대로 볼 때 '조화'로 개념화된 무속사상의 원리 혹은 특징은 선배 연구자들의 노고와 통찰을 잘 보여 준다고 생각한다. 하지만 이러한 통찰이 굿을 잘 모르는 사람들에게도 설득력 있게 전달될 수 있는 치밀한 의례 분석이 뒷받침되고 있는지에 대해서는 의구심을 가지고 있다. 의례의 다채로운 측면과 층위에 따른 상이점들에 대한 분석이 결여된다면, 굿과 굿에 참여한 사람들에 대한 풍부한 현상학적 기술description이 있다 하더라도 그것은 기술에 그칠 뿐 독자가 연구자와 같은 통찰을 가지기를 희망하는 데에는 한계가 있기 때문이다.

이런 문제의식을 기반으로 다음 절에서 의례의 다양한 측면들에 대한 분석을 시도하고자 한다. 이를 통해서 어떻게 무속의례가 '조화'로 개념화되는

---

9   김인회, 「무속사상에서 본 국제이해 교육」, 『전통문화논총』 5, 2007.

10 조흥윤, 『한국 무의 세계』, 민족사, 1997.

11 차옥숭, 『한국인의 종교 경험: 무교』, 서광사, 1997.

무속사상을 전승하고 있는지 그리고 어떻게 파편적이고 왜곡된 유형의 굿들 역시 굿으로 개념화될 수 있는지 설명해 보고자 한다.

3. 신령과 인간의 호혜적 관계: '은총'과 '정성'

무녀 J씨는 2016년 4월 18부터 20일까지 사흘에 걸쳐 자신이 모신 신령을 대접하고 '대운'을 받는 진적굿을 서울 시내의 한 굿당을 빌려 거행했다. 일반적으로 진적굿은 무당의 개인적 전통에 따라서 매해 가을에 개최하거나 혹은 2년에 한 번 하는 경우도 있다고 알려져 있다. 또한 굿이 거행되는 시기에 따라서 꽃맞이굿, 단풍맞이굿, 햇곡맞이굿, 신곡맞이굿 등으로 불리기도 하며, 단골들을 모두 초청하여 함께 즐기는 축제적 성격이 강한 굿으로 알려져 있다. 이처럼 일반적으로 알려진 진적굿의 성격에 비추어 볼 때 2016년에 있었던 무녀 J씨의 진적굿은 단순히 자신의 신령을 대접하는 성격도 있었지만 동시에 재수굿의 성격을 함께 갖고 있다는 특징을 찾아볼 수 있었다. 이는 진적굿과 함께 사용된 '운맞이 재수굿'이라는 명칭에서도 확인된다. 자기 가정의 재수굿의 성격을 지니는 그녀의 봄 진적굿은 단골들을 거의 초대하지 않는다는 점에서 일반적인 진적굿과 차별화되기도 한다. 무녀의 설명에 따르면, 이번 진적굿에서는 "신령님께 보다 더 집중하기 위해서" 그리고 "우리 집안의 대운을 맞이하기 위해서" 다른 단골을 초대하지 않았다. 물론 미리 굿을 한다는 사실을 알고 있는 가까운 단골들 몇 명이 왔지만, 이들의 역할은 굿에 참여한다기보다 구경꾼에 더 가까웠다. 그녀 역시 단골들과 함께 신령을 대접하는 진적굿을 거행하지만 이런 종류의 굿은 가을에 행하는 의례에만 한정하고 있으며, 원하는 단골들로부터 과일이나 돼지 등의 제물을 '시주' 받는 것도 오직 이 시기뿐이다. 하지만 봄 진적굿은 재수와 운을 받는 가정을 자신의 가정으로 한정하기에 단골로부터 '시주'도 받지 않으며 굳이 알리지도 않는다는 것이다. 따라서 이 굿은 오히려 한 무녀가 자신이 모신 신령과의 관계를 어떻게 경험하고 표상하는지를 보여 주는 효과적인 사례라 할 수 있다.

2016년 진적굿이 예년과는 다른 특별한 의미와 목적을 가졌기 때문에 평소보다 많은 비용이 지출되었다고 하더라도, 일반적인 무속의례는 가정 경제의 지출 부분에서 많은 부분을 차지한다. 1970년대 말 경기도 북부지역의 일반 가정에서 굿을 하는 데 들어가는 비용이 돌잔치나 환갑잔치를 여는 데 들어가는 비용과 비슷한 수준이었다는 기록[12]을 통해서 볼 때, 무속의례에 많은 비용이 든다는 점은 일반적인 특징으로 봐도 좋을 듯하다. 그리고 이와 같은 과도하게 보이는 무속의례의 소비적 특성과 관련하여 무속을 물질주의적 욕망에 찬 현대 한국인들의 '비생산적인 소비 행태' 혹은 '물질주의적 기복신앙'의 전형으로 설명하는 경향이 있다.

하지만 김성례는 기존의 부정적인 해석과 달리 재수굿을 "신령의 은총으로 경제적 물질적 목적을 성취하려는 공리주의를 넘어서 신과 인간 사이의 은혜와 보답이라는 상호 신뢰의 관계를 통해 서로 간의 자기 충족을 추구하려는 종교의례"[13]로 정의한 바 있다. 여기서 '은총'과 보답으로의 '정성'은 사실 신령과 인간 사이의 관계를 정의하는 데 핵심적인 기호이지만, 이 관계의 시발점을 어디에 두느냐에 따라 의례를 종교적인 것으로 이해하느냐 혹은 주술적이고 도구적으로 이해하느냐의 문제에서 관건이 된다. 이에 대해 김

---

12 로렐 켄달, 『무당, 여성, 신령들: 1970년대 한국 여성의 의례적 실천』, 김성례 · 김동규 역, 일조 각, 2016. 켄달의 연구에 따르면, 무당을 찾는 여성들은 비록 특정한 문제로 인해서 무당집을 방문하지 만 방문할 때에는 무당에 대한 양가감정을 가진다. 그 이유는 무당이 언제나 고사나 굿을 시킬 것이라 는 예상을 가지고 있으며, 이러한 의례를 행하는 것이 가정 경제에 큰 부담을 지운다는 점을 알고 있 기 때문이다.

13 김성례, 「기복신앙의 윤리와 자본주의 문화」, 『종교연구』 27, 2002, p. 82.

성례는 최초 증여자의 지위를 신령에게 둠으로써 무속의례의 종교적 특성을 확보한다.[14] 즉, 최초 신으로부터 선물로써 증여된 은총과 재수를 시간이 지난 뒤에 의례라는 특별한 시공간에서 이루어지는 인간의 보답 행위를 통해서 되갚는 호혜성의 윤리가 무속의례의 특징을 이룬다는 것이다. 여기에서 인간의 보답 행위는 '정성'[15]으로 표현되며, '정성'이 구체화된 돈과 재화는 교환가치 및 현물가치 이상의 무엇으로서 종교적 의미를 가진다는 것이다.

최초의 증여자로서 신령의 존재와 그에 의존하는 인간의 삶이라는 무속사상의 특유성을 이해하기 위해서는, 무속적 세계관과 그 세계관을 구체화하고 있는 신령체계나 의례를 인간의 전반적인 삶의 과정과 관련시켜서 생각할 필요가 있다. 무속적 세계관에 따르면 인간의 탄생은 삼신할머니의 점지와 보호에 의해서 이루어진다.[16] 인간의 삶과 관련한 무속신령의 개입은 출산에만 한정되지 않는다. 탄생 이후의 건강과 수명을 관장하는 칠성신, 살면

---

14 '주술'과 '종교'를 명확하게 구분하기는 쉽지 않다. 대체로 초기 진화론적인 종교 연구 패러다임이 현재까지도 상식의 영역에서 통용되는 듯하다. 즉 '주술'은 인간의 행위를 통해서 신적인 존재를 강제하거나 혹은 잘못된 관념 연합에 의해서 자연현상에 영향을 미칠 수 있다는 믿음에 바탕을 둔 행위로 정의되며, 종교는 의례적인 행위 자체가 목적인 경우로 한정된다. 현대 인류학자 탐바이아S. J. Tambiah는 주술적 사고방식은 원시적 사고방식이라기보다는 인류가 가진 사고방식의 한 종류로서 현재까지 지속된다고 주장하기도 한다.

15 흔히 '정성'을 마음에 한정해서 사용하는 경우가 있는데, 무속의례에서 '정성'은 돈이나 재화를 포함한다. '정성'을 마음의 문제에 한정하는 것은 정신과 육체, 영성과 물질성 등의 이원론적 구분이 자연과 초자연의 구분 및 자연의 탈주술화 혹은 대상화에 따른 결과물이라고 볼 때 근대성의 산물로 볼 수 있다. 무속에서 사용되는 '정성'은 추후에 더 보완되어 논의될 필요가 있을 것으로 보인다.

16 박일영, 『한국 무교의 이해』, 분도출판사, 1999, pp. 149-154. 현대사회에서는 인간의 잉태와 탄생이 남녀 간의 성행위를 통해서 이루어지는 것을 당연하게 여긴다. 그러나 인간의 탄생과 관련한 세계의 다양한 신화들에서는 그 이상의 차원을 고려하고 있다. 예를 들어 현존하는 한국의 무가에서는 사람이 태어나고 죽는 것이 초인간적인 신의 소관이라는 생각이 드러난다. 박일영은 "인간의 생리적인 조건뿐만 아니라 더 근원적으로 신의 섭리에 의하여 태어난다"는 무교의 신비사상을 당금아기와 바리공주 무가를 통해서 소개한 바 있다.

서 닥치는 위험으로부터 보호하는 장군신과 신장, 재수와 복을 몰아다 주는 대감신령, 죽음 이후에 저승으로 망자를 인도하는 바리공주까지 무속의 신령은 인간의 탄생과 죽음까지 모든 과정에 개입되어 있다. 삶과 죽음의 문제는 가장 신비로운 영역이기에 다양한 신화들이 삶의 출현과 죽음이라는 모순에 대해 설명한다. 더욱이 삶과 죽음은 '양도할 수 없는 신성한 사물the sacred objec'로서 '신성한 사물'에 대한 빚을 지고 있는 인간의 희생제의,[17] 다시 말해서 '정성'을 다해 드리는 의례는 신령에 대해 인간이 가지는 도덕적 의무감에서 비롯된 것이다.

어쨌든 온전한 인간의 삶은 이런 신령들의 '은총'을 통해서만 가능하며, '은총'의 증여자는 신령이 된다. 무당 역시 무당으로서 재탄생하기 위해서 일월성신을 모셔야 된다는 믿음이 있다. 결국 무당이든 일반인이든 모든 인간의 삶과 죽음은 신령에게서 부여받은 선물이라 할 수 있다. 그리고 인간은 호혜성의 윤리에 따라서 신령에게서 선물로 받은 은덕에 보답해야 하는 책무를 가진다. 이런 맥락에서 재수굿이나 진적굿은 인간이 신령에 의존하고 있다는 '궁극적이고 신성한 공준ultimate sacred postulate'을 드러내고 있으며 신령으로부터 받은 '은총'을 '정성'으로 되갚아야 한다는 규범적인 메시지를 전달하는 의례로 해석할 수 있다.[18]

신령과 인간의 관계에 대한 규범적 메시지는 무속신화를 통해서 표현되기도 한다. 천지창조신화를 가지고 있는 무속 전통의 경우, 우주에 질서를 부여하고 인간이 살 수 있는 환경을 마련한 것은 바로 '신령들'이다. 창세가의 경우는 미륵이 해당할 것이며, 제주도의 천지왕본풀이에서는 대별왕과 소별

---

17 김성례, 「증여론과 증여의 윤리」, 『비교문화연구』 11, 2005. 김성례는 마르셀 모스에 의해 촉발된 증여론이 이후의 학자들에 의해서 어떻게 수정 발전하는지 잘 정리하고 있는데, 이 논문에서 고들리에M. Godlier의 '신성한 사물' 개념을 소개하고 있다.

18 로이 라파포트, 『인류를 만든 의례와 종교』, 강대훈 역, 황소걸음, 2017.

왕이 이에 해당한다. 두 개씩 있던 태양과 달을 하나로 만들어 인간이 살 수 있는 우주에 적합한 질서를 부여했다는 점에서 - 비록 인간과 우주의 형상과 질료 모두를 창조한 것은 아니지만, 우주에 질서를 부여했다는 점에서는 - 창조라 해도 무방하다. 한편, 이러한 천지창조의 신화가 발견되지 않는 지역의 무속문화에서는 신화적 사고가 바로 의례를 통해서 전달되고 있다고 봐야 할 것이다. 천지를 살 만한 곳으로 '질서'를 부여하는 신령의 행위는 인간이 존재하기 위한 필요조건이 되며 인간을 인간답게 만드는 행위로 해석 가능하다. 그렇다면, 인간은 신령에게 존재론적인 차원에서 채무debt를 지고 있는 존재라고 해도 좋을 것이다.

대체로 인간과 신령 사이의 호혜적 관계는 일반 사람들에게는 망각되기 쉽다. 그러나 무녀 J씨가 무업을 수행하는 양상을 본다면, 신령과의 호혜적 관계는 결코 망각될 수 없는 생생한 경험적 현실이다. 그녀는 스스로 자랑스럽게 밝히듯이, 자신이 무당임을 가리키는 '간판'도 '깃발'도 걸지 않고 오직 먼저 왔던 손님들의 입소문과 소개를 통해서 또 다른 손님을 맞는다. 이런 맥락에서 무업의 성패, 혹은 보다 근본적으로는 무당으로서의 가능한 삶이 온전히 타자에 의해 달려 있는 그녀에게 손님은 신령이 보내 주는 일종의 기적과도 같은 선물이며, 그녀가 무당으로서 성공했다고 확신하는 삶은 많은 손님을 보내 주는 신령님의 은덕인 것이다. 결국, 무당으로서 자신의 운명을 받아들이고 스스로를 행복한 무당으로 생각하는 그녀에게 모든 신령들은 무당이라는 운명을 부여했을 뿐 아니라 무당으로서 현재 삶을 가능케 하는 최초이자 지속적인 증여자가 된다.

이와 같은 설명에 대해서 신령과 인간의 관계를 과도하게 기독교적인 방식으로 처리하고 있으며, 무녀 J씨만의 의례에서 드러나는 특성이 아닌가 하는 의구심을 가질 수도 있을 것이다. 이는 타당한 의구심으로 보인다. 그리고 필자 역시 기독교에 바탕을 둔 종교적 개념이, 무당이 스스로의 정체성을 형성하는 데 일정한 영향을 끼치고 있다는 사실에 동의한다.[19] 그러나 현대의 무속의례에서 상당히 중요한 역할을 하는 대감신령의 공수가 가지는 형식성 formality을 검토해 보면, 신령에게 '정성'으로 보답해야 한다는 관념은 인간의 삶에 끊임없이 개입되는 신령 그리고 그 신령을 지속적으로 기억해야 한다는 무속 내의 '궁극적이고 신성한 공준'에 준거를 둔 우주론적 공리가 전달되고 있음을 발견할 수 있다.

4. 신령의 이중성: 호혜적 관계의 지속

무속의례에서 드러나는 호혜성의 윤리와 더불어 반드시 언급할 무속의 종교적 특성이 있다. 그것은 바로 '차린 제물'의 부족함에 대한 신령의 야단과 '욕심 많고 탐심 많은 대감' 이미지에 대한 설명이다. '욕심 많고 탐심 많은 대감' 이미지는 두 가지 상반된 의미를 가진다. 하나는 대감신령이 욕심이 많기 때문에 차린 제물에 대해서 늘 부족하게 느낀다는 의미이며, 다른 하나는 욕심이 많아서 인간의 '정성'에 '쓰고도 남을 정도로' 제물을 불러들일 수 있다는 상반된 의미를 가진다. 다음에 소개하는 무가는 황해도굿에서 연행되는 대감거리 무가 중 일부로, 전형성과 형식성을 특징으로 한다.

> 대감: 네 오냐, 명을 사자 정성이냐 복을 사자 이 놀이냐, 일대동 만대동에 이 정성 대령할 때 상산에 대접이냐 각귀님네들 조공이냐, 각성각문 가가호호마다 명을 사자 정성이냐 복을 사자 이 놀이드냐. 만구신청 둘러보니 먹잘 것

---

19 현대사회에서 무당이 자신의 정체성을 형성해 가는 과정에서 다양한 준거들이 활용되는데, 그 가운데 기독교에 바탕을 둔 근대적 종교관념 역시 무시할 수 없는 요소이다. 이와 관련해서 김동규, 「한국 무속의 다양성: 학적 담론의 무당의 정체성 형성 사이의 '고리 효과'」, 『종교연구』 66, 2012 참조.

전양 없구 쓰잘 거 전혀 없네. 이만 못한 굿에도 오래떡이 서말이라는데 하
물며 만대동굿이 이게 뭐야 타동 사람들 본뜰까 봐 겁난다. 쥐씹꼽째리만큼
차려 놓구 굿이라 덩덩거리면서...
장고: 아유, 얼마를 잘 차립니까. 이거 차리기두 밤이면 새우잠에 낮이면 진동걸음
치면서 일대동이 들썩하면서 차렸는데요...
대감: 왕후장사두 안 먹군 못 산다더라. 나두 먹어야 벌어 주든지 재수를 주든지
할 게 아냐, 진탕 먹구 망탕 놀구 일대동 만대동에... 대감 바람 재워 주구 지
신 바람 눌러 주구... 천량 늘어 곡간 찰 제, 밑에 곡식은 썩어나구 가운데 곡
식은 매가 들구 상머리 곡식 싹이 나서, 부엉새가 날아들어 한 날개를 툭툭
치면 천석이 쏟아지구 또 한 날개를 툭툭 치면 만석이 쏟차져서...... 가난한
가정 잘 되게 해줘야 내가 챙겨 준 줄 알지 부잣집은 저희 재주 좋아 잘사는
줄 알지 내가 챙겨 주는 줄 몰라요.(밑줄은 필자)

대감신령의 가장 전형적인 놀이 방식을 보여 주는 위의 인용문에서 대감
신령은 곡식이 쌓여서 썩어나고 싹이 날 정도로 많은 재물을 모아 줄 수 있
는 신령으로 표상된다. 그러나 재물의 풍요에 대한 혹은 바친 것보다 더 넘치
게 채워 준다는 대감신령의 약속은 그 이전에 항상 자신(대감신령)을 제대
로 대접하지 못한 인간의 정성을 야단치는 형식성을 지닌다. 마을 단위의 대
동굿에서든 개인의 재수굿에서든 항상 마찬가지이다. 주목해야 할 점은 신
령의 야단이나 책망과 그 이후에 발화되는 풍요의 약속은 단순히 대감신령
을 통해서만 코드화된 굿의례의 특징은 아니라는 것이다.
무녀 J씨는 진적굿을 할 때마다 자신의 떡시루는 자신의 손으로 직접 앉
히려 하며, 앞서 보았던 의례 비용의 지출 금액을 통해 보았듯이 최고의 과
일과 고기를 사용한다. 실제로 마음과 물질을 다해서 최선을 다하는 '정성'
을 드리는 것이다. 그러나 신령은 항상 "이 정도로는 양이 차지 않는다"며 불
만을 드러낸다. 필자 역시 지금껏 굿을 보면서 차린 제물에 신령이 만족함
을 표하는 경우를 거의 보지 못했다. 설령 어떤 특정한 신령이 만족감을 보

였다고 하더라도 다른 거리에서 등장하는 신령들은 부족함을 지적하는 경우가 다반사다. 또한 차린 제물이 적다거나 혹은 자신의 복장이 낡았다고 투덜대는 모습이 바로 그것이다. 켄달L. Kendall의 제보자였던 용수엄마 역시 이와 유사한 경험을 이야기를 한 적 있다.

> 어떨 때는 할아버지들이 다 미워. 할아버지들이 불쌍한 사람들은 품어 줘야 하는데, 야단을 치시는 거야. 어떤 가난한 사람이 와서 일을 해야 할 때면 나는 제물을 조금만 가지고 오라고 해. 나는 그 사람들한테 그거면 됐다고 말하거든. 그리고 나서 할아버지 방으로 들어가. 할아버지들이 공수를 줄 때 이러시지. "이게 뭐냐? 이 사람은 너무 적게 차렸구나" 하면서 호통을 치신다니깐. 그렇게 말하는 건 내 감정하고는 반대야. 그렇지만 내가 뭘 어떻게 하겠어. 할아버지들이 그렇게 말하시는데.[20]

그렇다면, 왜 무속의 신령은 늘 차린 전물의 부족함을 지적할까? 이 문제와 관련하여 기존의 논의들에서는 신령(특히 대감신령)의 탐욕스러운 이미지는 물질주의적인 무속신령의 특성과 저급함을 표현하는 것으로, 혹은 인간의 욕망이 투사된 것으로, 혹은 관료제 사회에서 권력자가 가진 힘에 대한 한국인의 역사적 경험이 반영된 것으로 해석하곤 했었다. 또 어떤 경우에는, 이러한 부족에 대한 타박과 함께 먹고도 남게 도와주마라는 신령의 메시지를 신령의 은혜로 모든 것이 충족될 현재를 맞이하게 된다는 측면에서 무속의 낙천주의적 근원으로 해석하기도 한다.[21]

그러나 이처럼 '충족'을 현세의 완성형으로 본다면 혹은 대감신령의 탐욕스런 이미지를 단순히 권력자에 대한 역사적 경험의 반영으로 보게 된다면 신령과 인간 사이의 지속적인 호혜적 관계가 단절된다는 문제가 발생한다. 인간과 신령 사이의 호혜적 관계가 단절된다는 것은 더 이상 신령이 인간의

20　로렐 켄달, 앞의 책, p. 130.
21　김인회, 앞의 책, 1993.

삶에 개입할 수 없다는 관념을 드러내며, 이러한 단절은 무속관념의 '궁극적이고 성스러운 공준'을 위반하는 것이 되는 것이다. 그리고 이러한 '공준'의 위반은 무속의례가 제시하는 우주론적 공리나 현재 상황에 대한 무속적 세계관의 설득력을 약화시키며, 무속의례의 관습적인 힘을 약화시키는 결과를 낳게 된다. 이런 점에서 볼 때 '할아버지'에 대한 용수엄마의 개인적인 원망은 의례가 "연행자에 의해 전적으로 코드화되지 않는 형식적 행위"이며 그러한 '형식성'과 '불변성'이 무속관념 혹은 사상의 종교적 신성성이 의례를 통해서 지속된다는 점을 효과적으로 드러내는 것으로 해석할 수 있다.

결국 '욕심 많고 탐심 많은 대감신령'의 이미지를 무속사상의 우주론적인 공리라 할 수 있는 호혜성의 윤리라는 차원에서 본다면 인간 삶의 모든 영역에서 최초의 증여자의 위치에 있는 신령은 인간이 갚을 수 없을 정도의 더 많은 선물을 준다는 것, 그래서 인간으로 하여금 신령의 개입을 받아들이고 도덕적인 채무감을 재확인시키기 위한 의례적인 담론의 양식으로 해석될 수 있다. 그것은 마치 무궁한 태양의 에너지가 지구에 무조건적인 에너지원으로 기능하는 것처럼 의례 내에서 규범적인 메시지를 통하여 무속신령들 역시 삶과 죽음이라는 무조건적인 선물의 증여자임을 끊임없이 상기시키는 것과 같다고 할 수 있다.

5. 호혜적 관계의 확장

전통문화의 복원과 부활이라는 정책으로 인해서 무속의례 중 가장 화려하며 핵심적인 굿을 하는 큰무당이라고 하면 으레 예술적인 차원에서 굿을 잘하는 무당이라고 생각하기 쉽다. 그러나 실제로 굿을 후원하는 일반 손님이 무당에게 굿을 의뢰하는 경우나 나이 많은 제보자들의 이야기에 따르면, 굿을 잘하는 것도 중요한 부분이지만 더 중요한 것은 무당의 영험함이다. 영험함이란 신령들이 무당에게 전한 특별한 영적인 능력으로서, 이 능력을 얻고 지속하기 위해서 무당은 주기적으로 산에 가서 기도를 하거나 정기적으로 자신이 모신 신령을 대접하고 또한 신령이 원하는 것들을 제공하기도 한다. 앞서 언급했던 신령과의 지속적인 호혜적 관계를 유지함으로써 얻을 수 있는 능력이라 할 수 있다.

하지만 영험함에 대한 추구는 무당이 무업을 자신의 소명으로 받아들이고 난 뒤에 가능한 것이며, 무업을 받아들이기 이전의 신비한 경험들은 해석되지 않거나 따라서 거부될 수도 있는 애매성의 영역에 머물러 있다. 무업의 세계를 적극적으로 받아들이기 이전에 경험되는 환영이나 환청은 아직은 '미침insanity'과 '영험'의 구분이 생성되기 이전의 경험일 뿐이다. 둘 사이의 경계와 구분은 무당 후보자가 내림굿을 받으며 얻게 되는 공동체의 승인을 필수적으로 요청한다. 따라서 무당의 영험함은 그 자체로 규정된다기보다는 '무당의 경험'이 가진 독특성을 인정하는 공동체의 승인을 전제로 하고 있으며, 이런 점에서 영험은 사회적 성격을 강하게 지닌다.

무당의 영험함은 자신을 찾은 손님이 현재 마주한 고통의 원인을 진단하고 고통의 상황을 극복할 수 있는 해결책을 제시할 수 있는 능력으로 입증된다. 이 과정에서 손님의 고통과 고통의 원인을 포착하는 방법은 손님이 겪고 있는 문제의 상황을 볼 수 있는 '환시vision'나 '환청' 그리고 '공감'이 대표적이다. 무녀 J씨의 신당에 점을 보기 위해서 방문했던 한 노인 여성의 사례를 들어보자. J씨를 방문한 이 여성은 둘째아들이 이혼하고 난 뒤 살림이 정리되지 않아 마음을 잡지 못하고 있었으며, 막내아들은 구입한 땅이 팔리지 않아서 애를 먹고 있었다. 일찍 남편을 여의고 혼자서 아이들을 키워 왔던 이 여성 집안이 겪고 있는 문제는 남편의 묘를 이장移葬하고 나서 생긴 것이라는 점괘가 나왔다. 이장한 곳의 한 쪽에 물이 흐르고 있다는 것이었다. 노인 여성이나 같이 점을 보러 왔던 딸은 마치 눈으로 보는 듯이 이장한 곳의 풍경을 말하는 무녀의 점괘에 놀랄 수밖에 없었다. 대부분의 설명이 자신들이 보았던 묘지 주변의 실제 풍경과 일치했던 것이다. 이 손님들이 가고 나서 그와 같은 것을 도대체 어떻게 알 수 있는지 필자가 물었을 때, J씨는 점을 보는 동안 자신이 갑자기 소나무 향을 맡았으며 동시에 한 쪽 몸이 차가워짐을 느꼈다고 말해 주었다. 바로 후각과 몸의 감각을 통한 망자의 상태와 자연 경관에 대한 '공감'의 능력이 발휘되었던 것이다.

무녀 J씨의 사례에서처럼, 찾아오는 손님이 겪고 있는 고통과 관련하여 무당이 자신의 몸으로 함께 느끼는 경우는 자주 보고된다. 한 번도 침술을 배우거나 한의학을 공부한 적이 없음에도 불구하고 간단한 수지침이나 민간 의료의 지식을 통해 환자를 치유하는 데 명성이 높은 무당들이 있다. 필자가 알고 있는 이 처사라 불리는 50대 남성박수는 특별히 몸이 아픈 환자 손님이 자신을 찾아오는 경우, 환자가 고통을 받고 있는 부위가 자신 역시 동일하게 아파온다고 이야기한다. 가끔씩 태백산이나 깊은 산중을 다니면서 약초를 직접 채취하기도 하는 그는, 자신이 환자에게 직접적인 시술을 할 수는 없기 때문에 환자에게 병원 치료를 추천하면서도 동시에 자신이 알고 있는 약초를 처방해 준다. 또한 그는 이러한 민간 치료 방식이 효과를 보는 경우가 많으며, 자신이 가지고 있는 공감의 능력은 신령에게서 비롯된다고 말한다. 따라서 무당을 타자의 고통을 자신의 몸으로 공감할 수 있는 능력을 가진 치료 전문가로 보아도 좋을 듯하다.

무당의 치료 능력에 관심을 가졌던 연구자들은, 무당이 가진 타자의 고통에 대한 공감 능력이 무당 후보자가 신병을 통해 겪었던 죽음에 가까운 고통[22]과 내림굿을 통해 신령으로부터 새로운 생명을 받는 과정에서 얻게 되는

22 이 고통은 육체적, 경제적, 사회적인 고통 모두를 포함한다. 이 과정은 종교적인 '죽음'으로 해석되기도 한다.

능력이라고 생각해 왔다. 그렇다면, 공감의 능력을 가진 무당의 삶이 지향해야 하는 길은 무엇일까? 어쩌면 '바람직한 인간'과 관련한 무속사상의 한 특징이 여기에서 발견될 수도 있다. 무당이 되는 길에서 가장 중요하며 극적인 사건은 내림굿이다. 내림굿에서 '공감'에 대한 직접적인 언급은 발견되지 않지만, 무당으로서 가게 되는 길이 어떤 것인지 또한 큰무당의 길이 무엇인지에 대한 담화를 통해서 '공감'의 의미를 확인할 수 있다.

아래 인용한 대화는 황해도 내림굿의 한 장면에서 흔히 볼 수 있는 것으로, 내림굿을 받는 무당 후보자와 신어머니가 마주 앉아 어떤 신령이 무당 후보자에게 내렸는지, 그리고 무당으로서 나아가야 하는 길이 어떤 것인지를 잘 보여 준다. 이 자료는 김금화 만신의 무가집[23]에 수록된 부분이지만, 필자가 수십 차례의 현지 조사에서도 들을 수 있었던 대화 내용이기도 하다.

> 경관만신: 머리를 들거라.
> 경관만신: 그대는 무엇이 되려는고?
> 새기자: 큰 무당이 되려 합니다.
> 경관: 무당이 되어 무엇을 하려는가?
> 새기자: 만백성을 도와주려 합니다.

이처럼 만백성을 도와주는 것이 무당의 삶이라는 것을 고백한 후 무당 후보자는 춤을 추며 자신에게 들어온 신령들의 옷과 무구를 영험을 이용해서 찾아낸다. 문제는 만백성을 어떻게 돕는다는 것인지에 대한 구체적인 방향은 제시되지 않는다는 점이다. 이 과정이 끝난 후에 계속되는 초부정·초감

---

23 김금화, 『김금화의 무가집』, 문음사, 1995. 아래에 소개하는 인용문에는 독자들의 보다 쉬운 이해를 위해서 원래 무가집에 없는 한자어들을 포함시켰다. 또한 굳이 모든 내용을 다 포함할 필요가 없다고 생각하여 생략한 부분이 있음을 밝힌다.

홍거리에서 무당이 부르는 만세받이에서는 보다 선명하게 무당의 길이 그려지고 있다.

> 충효열사 호국대신護國大神으로 불려 주고
> 이름 놓고 호 얻어 앓던 사람 낫게 하고
> 무손無孫한 가중 세대봉사
> 빈貧한 가중 부귀천 돌아 주고
> 신의 출신 가슴에 대천문 열어 주고
> 목에 열쇠 열어 주고
> 입에는 시슬녹에 실수 없이 불려 주세요.

이 인용문에 따르면, 무당이 도와주어야 하는 '만백성'은 죽은 충효열사와 함께 병든 사람, 가난한 사람, 자손이 없는 사람 등 인간이 경험할 수 있는 모든 고통의 문제를 안고 있는 사람들이다. 살아 있는 사람들이 바라는 무병장수와 재수를 빌어 주는 것은 당연히 무당의 길이라 여길 수 있지만, 죽은 사람 역시 '만백성'의 범주에 포함되어 있다는 사실이 흥미롭다. 죽은 사람을 도와주는 방법 역시 구체적이다. '호국대신'이 역사적으로 한국인들이 죽은 자에게 부여했던 가장 큰 영광이라는 점에서, 억울함을 느낄 수도 있는 충효열사를 호국대신으로 전위시킨다. '바람직한 무당'의 길에 대한 묘사는 신의 제자가 되었다는 의미로 내림굿을 받은 무당 후보자의 머리를 풀어서 다시 묶어 주고 난 뒤 앞으로 어떤 무당이 될지 점치는 '녹타기'를 할 때에도 계속된다.

> 신神에 노적 쌓아 놓고/ 없는 백성/ 골고루 살게/ 도와주자/ 큰무당이/ 나라만신이 되어/ 같이 살자/ 똑같이/ 한 길을 가자/ 이웃을 사촌처럼/ 빈한 가중/ 부귀천 돌아/ 무손한 가중/ 세대봉사하여 주어라...

이상의 인용문 모두에서 발견되는 '바람직한 무당'의 길은 모든 사람이 잘 사는 세상에 대한 열망을 구체화하고 있다. 즉 살아 있는 인간의 욕망뿐만 아니라 죽음 이후의 욕망까지 포괄해서 처리하고 도움을 주어야 하는 무당의 당위론적인 삶이 제시된다. 결국, 신령의 선택에 의한 고통을 재생으로 변화시키며 자신의 육체에 각인된 고통에 대한 경험을 바탕으로 타자의 고통을 공감하는 '바람직한 무당'의 길을 내림굿이 극화하고 있는 것이다.

6. 나가면서: 기독교적 세계인식과의 비교

지금까지 무속의례에서 규범적인 메시지 형태로 전달되는 신령과 인간 사이에 놓인 호혜적 관계의 특징, 그리고 신령으로부터 부여되는 영험이 어떻게 사회적으로 확장될 수 있는지에 대해서 검토해 보았다. 한마디로 신령으로부터 '은총'으로 증여된 인간의 삶과 무당의 영험은 일종의 '신성한 사물'로서, 다시 신령에게 '정성'을 드려 되돌려 주어야 한다는 도덕적 책무감을 인간에게 부여하는 것이 무속의례가 전달하는 규범적 메시지라고 할 수 있다. 여기서 한 가지 반드시 지적해야 할 문제는, 규범적 메시지에서 주요한 행위자agent인 신령들의 정체성은 무속을 구성하는 개별적인 요소로서 분석적인 함의를 가질 뿐만 아니라 인간의 경험적 현실이 상상을 통해서 구성되는 다원적인 존재라는 점이다. 상상을 통해 구성되는 존재라고 해서 신령의 존재를 인간의 상상력의 한 차원으로 환원시키고자 함은 아니다. 오히려 가시적으로 구분되는 현상세계 이면에 있다고 추정할 수 있는 또 다른 실재 혹은 힘에 대한 경험이 문화적 차원의 굴절을 통해서 다양하게 표상될 수 있다는 의미이다. 또한 신령의 존재는 인간의 상상력으로 환원되지도 않을 뿐더러 인간이나 자연을 초월해서 존재하지 않는 존재라는 점도 지적될 필요가 있다. 무속신령이 민중들의 공감을 통해서 사라질 수도 있으며 새로 생겨날 수도 있다는 조흥윤의 무속신령에 대한 연구[24] 역시 이를 입증한다.

신령과 인간, 그리고 주변세계에 대한 무속의 '관계적 인식론relational epistemology'의 특징은 '기독교의 근원 전통에서의 자연인식'과 비교되었을 때 그 의미가 훨씬 선명하게 드러난다.[25] 이정배의 논의에 의하면, 근원 전통의 차원에서 파악되는 기독교의 자연인식은 다음과 같이 정리된다. 사막이라는 자연환경에서 비롯된 기독교의 근원적 자연관은 농경을 기반으로 형성된 종교와는 달리, '자연 친화적인 삶의 방식'이나 '생물이나 무생물 속에 의식 내지 정령이 내재한다는 생각'을 '악'으로 규정하거나 무시한다. 또한 초월적 신의 모상으로 인간이 창조되었기에 유대기독교는 철저하게 인간 중심적이며 인간을 환경으로부터 철저하게 분리시키게 되었다. 이처럼 인간과 자연의 관계는 '나와 그것it' 이상의 수준으로 발전할 수 없으며, 이러한 경향은 근대 과학의 발전에 기여한 바가 크지만 동시에 생태학적 위기를 불러일으키게 되었다.[26]

한편 샤머니즘 일반에서 공통적으로 드러나는 믿음의 한 양식은 인간을 둘러싸고 있는 주위의 모든 환경에 영spirit이 있다는 애니미즘적인 것이라 할 수 있다. 동식물을 비롯해서 죽은 조상의 영까지 이 세계에 개입하고 영

---

24 조흥윤, 앞의 책, 1990.

25 이정배, 「유교적 자연관과 생태학적 신학」, 『신학과 세계』 36, 1998. 이정배는 유교적 자연관과 생태학적 신학을 비교하면서 자연세계에 대한 기독교적 인식론의 다양한 특성에서 신의 초월성을 강조하고, 자연을 탈성화했던 근원적인 시각으로부터 현대의 탈인간 중심적 범재신론까지 구분해서 설명한다. 필자는 무속적인 세계인식의 특성을 부각시키기 위해서 자연의 탈성화나 신의 초월성을 강조한 기독교의 자연관에 시각을 한정한다.

26 위의 논문. 자연세계에 대한 기독교적 인식론의 다양성에도 불구하고, 기독교의 초월적인 신관이나 자연의 탈신성화는 근대적인 성격의 종교 개념이나 현대인의 자연관을 형성하는 데 지대한 영향을 끼쳤으며, 지금도 지속되고 있다는 점에는 이의가 없을 것이다.

향을 미칠 수 있다는 점에서 비테프스키P. Vitebski는 신령 혹은 영을 현상의 '영적 본질spiritual essence'로 보는 것이 나을지도 모른다고 한 바 있다.[27] 비테프스키는 '영적 본질'이 샤머니즘의 다층적 실재관을 잘 표현하고 있기도 하지만, 동시에 우리가 경험하는 주변세계(인간을 포함해서)가 상호 의존하고 있음을 드러낸다. 즉 이 세계는 눈에 보이는 것처럼 분리된 것이 아니라 서로 영적인 측면에서 서로 연결되어 의존하고 있다는 생태학적 혹은 우주론적 사유를 말하고 있는 것이다. 실제로 무당의 이러한 세계인식을 심우성은 다음과 같이 정리하고 있다.

> '이승'과 무주고혼이 떠오는 '허공', 그리고 '저승'의 거리가 멀기는 하지만 아주 다른 별유천지는 아니라 한다. 이 '별유천지'가 아니라는 대목에서 그는 결국 모든 것이 '옥황상제'(때로는 부군이라고도 함)의 손바닥 안이라는 표현을 하고 있다. 그리고 그 옥황사제(또는 부군)란 바로 명산대천에 살고 계시며 또 그 명산대천이 부군님이기도 하다는 것이다.[28]

위 진술은 수원의 한 세습무계 출신 박수무당의 세계인식을 드러내는데, 옥황상제라는 천신계통의 신령이 부군님이라는 특정 지역의 신령으로 인식되기도 하며 동시에 명산대천 자체로 인식되는 샤머니즘적인 인식을 보여준다. 이름난 세습무계 출신의 박수가 옥황상제나 부군의 유형론적 차이를 인식하지 못하고 있었다고 보기는 어렵다. 다만, 박수 자신의 특별한 경험이 유형론적으로 구분된 신령들 사이의 경계, 그리고 신령과 자연 대상과의 경계를 해체하게 만들었을 것이라는 추측만 가능할 뿐이다. 심우성은 그 박수무당의 진술을 토대로 "자연과 생명의 근원과 그것이 존재하는 공간까지도

---

27 피어스 비테프스키, 『샤만: 살아 있는 인류의 지혜』, 김성례 · 홍석준 역, 창해, 2005, p. 12.
28 심우성, 「우리 민속신앙의 자연관」, 『한국기독교신학논총』 9, 1992, p. 64.

결국은 하나라는 논리"[29]라는 무속적 사유 양식을 정리하고 있는데, 이 정리는 필자의 추측을 보다 설득력 있게 만들어 준다. 그리고 이것은, 필자가 본문에서 제시했던 무당의 공감 능력과 범위가 인간을 넘어서서 주위의 모든 세계까지 확장될 수 있다는 무속적 사유 방식이 한 박수무당의 경험적 현실에서 구현되고 있음을 보여 준다.[30]

한국 무속에서 주변세계와 관계를 이와 같이 정리했을 때, 최근의 종교 문제에 익숙한 독자라면 범재신론이나 생태학적 신학 등 다양하게 추상화된 신'학'적 담론을 떠올리기 쉽다. 주변 세계에 대한 이런 추상적인 개념을 통한 사유가 발견되지 않는다고 해서 무속을 저급한 종교 혹은 미신으로 정의하는 것은 정당화되지는 않는다. 추상적 개념을 포함한 인간의 상징언어가 언어적 기호와 지시 대상 사이의 자의적이고 상징적인 관계로 인해 형성된 애매성은 거짓과 위장의 가능성을 항존하게 한다. 반면에 의례는 그러한 상징언어가 가지는 애매성을 신체적, 물질적인 형태로 가시화함으로써 의례의 참여자들로 하여금 훨씬 더 그 메시지를 직접적으로 경험하게 하는 효과를 가진다. 결국, 무속에서는 상징언어를 통해서 규범적 메시지를 전달한다기보다는 굿이라는 의례를 통해서 인간이 주변세계에 대해 어떻게 의존하고 있는지, 그리고 그 의존성에 대해 어떻게 도덕적인 의무를 수행해야 하는지를 전달하고 있다고 볼 수 있다.

---

29 위의 논문, p. 64.

30 이와 같은 세계관을 지칭하기 위해서 흔히 애니미즘이라는 용어가 사용되어 왔다. 그러나 애니미즘이라는 개념에 대해 19세기 후반의 진화론적인 도식에 의해서 부여된 '원시적'이고 '미개한' 믿음의 양식이라는 부정적인 함의를 고려한다면, '관계적 인식론relational epistemology'이 더 적합할 수 있겠다. 이 개념은 버드-데이비드N. Bird-David가 제안한 개념이다. Nurit Bird-David, "'Animism' Revisited: Personhood, Environment, and Relational Epistemology," *Current Anthropology*, No. 40, 1999.

제6장

셸 위 댄스?: 일본 중세 천태불교의 카미神담론

박연주

만물에 깃든 신神 혹은 정령精靈. 동북아시아의 샤머니즘은 필시 여러 가지 요소와 특징으로 설명될 수 있겠지만, 많은 사람들로 하여금 샤머니즘과 애니미즘을 동의어로 믿게 만드는 만신사상은 대다수의 원시종교 또는 민속종교의 특징을 이루고 있을 뿐만 아니라 시베리아로부터 몽골, 만주에서 한국, 일본으로 이어지는 지역의 전통적 신화·설화, 샤먼의례와 상징을 통해 공통적으로 발견되는 종교적 관념이다. 나무에도 바위에도 흐르는 강물에도 깃든 그 무엇은 인격화된 형태로서든 또는 다른 형태화를 거치든 대개 고유의 이름이 붙고, 인간세계의 사상事相에 불가사의한 작용을 하는 것으로 신성시된다. 일반적으로 샤머니즘은 샤먼이라고 통칭되는 매개자를 통해서 만물에 깃든 신과 소통하고 인간사의 진실을 구하는 신앙 패턴을 이룬다. 그러나 엄밀히 보자면 샤먼은 신과의 교류를 가장 잘 할 수 있는 전문가일 뿐 근본적으로 샤머니즘의 만신사상은 모든 인간과 자연이 소통하고 상호작용이 가능하다는 믿음에 기반한다. 따라서 우리는 샤머니즘으로부터 '만물은 하나'라는 존재론적 이치와 이를 깨닫고 확인하는 인식의 중요성, 그리고 그 대합일大合—의 이상을 추구하며 인간사 속의 실현을 모색하는 실천윤리를 발견할 수 있는 것이다. 이렇듯 샤머니즘은 충분한 철학적 토대¹를 가지고 있지만, 그 토대를 명백히 드러내 줄 지적智的 도구가 충분치 못하다는 점이 샤머니즘의 본질을 이해하는 데 한계가 된다고 할 수 있다. 이는 앞서 언급했듯 샤머니즘을 단순한 애니미즘으로 치부해 버릴 만큼 샤머니즘의 종교성을 경시, 곡해하는 원인으로 지적될 수 있을 것이다. 샤머니즘은 그것이 '무엇에 대한' 또는 '무엇을 위한' 신앙인지를 설명하는 경전이나 설교도 없고, 또 그 '무엇'을 '어떻게' 인식할 수 있는지에 대한 연구를 하거나 교리를 발전시키는 교부教父나 학승學僧 타입의 성직자도 없다. 말하자면 샤머니즘은 단 한번도 내부적으로 담론화된 적이 없는 것이다.

이러한 한계에도 우리가 샤머니즘의 내용에 대해 근소하게나마 알고 있는 것은 물론 학자들의 각고의 노력에 힘입은 바 크다. 그러나 동아시아의 문화 속에서 나고 자란 사람들로서는 적어도 자연신 숭배라든가 산천에의 제사라든가 무당과 같은 샤먼의 존재와 역할 등의 파편적 사실들이 희미하게라도 우리의 의식 속에 스며 있다는 것 또한 부정할 수는 없을 것이다. 이는 그러한 사실들이 현재까지도 직·간접적으로 볼 수 있는 의식, 풍속, 상징체계, 내러티브 등 속에 투영되어 있기 때문에 가능한 것이기도 하다. 그리고 바로 이러한 자료들에 기초하여 그동안 샤머니즘 연구가 진행되어 왔다. 그런데 대다수의 연구가 원래의 샤머니즘 또는 오늘날 민속종교의 원형을 복원하기 위하여 현재의 무속 – 혹은 민속종교나 원시종교적 관습으로 분류되는 신앙 형태 – 의 의식과 여러 물질적 대상들에 근거하여 단편적인 역사적 기록들을 참조하는 방법에만 집중되어 있다는 점에 주목할 필요가 있다.² 물론

---

1 여기선 '철학'이라고 하는 것을 규명할 때 대개 존재론ontology, 인식론epistemology, 윤리ethics를 그 학문적 분석틀로 삼는 것을 받아들인다.

2 이러한 연구 방법이 과연 적절한 것인가 하는 판단은 내리지 않겠다. 그러나 일찍이 이능화와 같은

무던히도 부족한 샤머니즘의 자료를 생각할 때 이런 방식의 연구는 불가피하다고 할 것이다.

한편 동북아지역의 민속종교·신앙과 그 역사적 전개 양상을 비교하는 연구 방법도 단순한 공통 요소 찾기를 넘어 '동아시아문화권'이라고 하는 가상적 범주의 실체성을 검증하는 데 있어서 유효한 방법일 수 있다. 무엇보다도 동아시아지역은 각자의 샤머니즘적 토속신앙이 불교에 의해서 압도되고 영향을 주고받은 공통의 경험을 가지고 있으므로, 이들 지역의 토속적 신앙과 불교의 관계를 살펴보는 것도 동북아 샤머니즘 연구에 발전을 가져다 줄 수 있다. 더욱이 이는 샤머니즘 연구 방법론의 지평을 넓히는 데에도 이바지할 것이다.

이런 관점에서 볼 때 일본의 경우는 특히 주목할 만하다. 일본은 6세기 중후반 불교가 도입된 이래 19세기 메이지유신의 정책하에 강제로 분리되기 전까지, 불교와 토속신앙 – 흔히 신도神道라고 일컫는[3] – 이 세계적으로도

학자가 주장했듯 반드시 오늘날의 무속에서 고대 '신교神教'의 원형을 찾아야 한다고 할 수만은 없는 일이다. 최근의 학자들이 비판하고 있듯 현재의 무속과 샤머니즘의 상동 관계를 밝히는 데 있어서 무분별하고 무조건적인 동일시는 경계해야 한다.

3 이 글에서는 신도라는 명칭을 가급적 피하고자 한다. 그 이유는 첫째, 메이지 이후 정치적 목적하에서 '일본 고유'의 종교로서 만들어진 '국가신도国家神道'와 구분하기 위해서이고 둘째, 현재의 '신도', 즉 메이지 시기를 거쳐 군국주의 시대 일본의 정치적 목적에 공헌하는 방향으로 조작, 발전되어 온 현대 종교로서의 신도가 고대부터 카미 숭배를 중심으로 한 신앙과 일치하며 온전히 그 원형에 근거한다고 인식하는 것을 피하기 위해서이다. 이는 현재 일본과 서구의 학계에서도 – 어떤 숨은 정치적 의도가 있지 않은 한 – 지키고 있는 규범이다. 무엇보다도 15세기 후반 독립된 신도의 교설이 등장하여 발전하기 전까지 '신도'라는 용어 자체는 기본적으로 불교 교단의 입장에서 사용되는 용례가 가장 대표적인 것이었다. 특히 각종 교파의 교리와 수행법뿐 아니라 다양한 종교적 관습과 관련 내러티브를 공부하던 중세 일본의 불교학승들에게는 신도가 하나의 커리큘럼으로서 카미에 관한 제반 사상事相을 의미하는 것이었다. 이 '신도'를 중점적으로 공부하는 학승들 집단의 계보를 통틀어서 '신도류神道流'라고 불렀다. 黒田俊雄, "Shinto in the History of Japanese Religion," Translation by James Dobbins and Suzanne Gay, *The Journal of Japanese Studies*, Vol. 7, No. 1, 1981; 黒田俊雄, "Historical

유례를 찾아보기 힘들 정도로 매우 밀착된 관계를 이루고 있었다. 이 밀착 관계는 흔히 학술적으로나 종교·문화적으로 신불습합神仏習合이라는 용어로 표현되곤 하는데, 말 그대로 신神 – 주로 불교 도래 이전부터 일본인들이 숭앙하던 신을 가리키며 일반적으로 카미神 또는 신메이(신명神明)라고 통칭된다[4] – 과 부처나 보살 등의 불佛이 하나로 융합됨을 말한다. 전통적으로 일본의 카미는 만물에 깃든 불가사의한 그 무엇으로서, 대개 특정 물체, 현상, 장소에 따라 이름이 붙으며 특정 지역에 자리 잡은 씨족을 수호하는 신에 대한 숭앙을 중심으로 의례나 설화가 발전해 왔다. 그중 대표적인 카미로 태양신이자 일본 왕실의 수호신인 아마테라스 오미카미(혹은 텐쇼다이진天照大神, 약칭 아마테라스)를 들 수 있는데, 이는 일반에게도 익숙할 것이다.

그런데 여기서 주의할 점이 있다. '신불이 하나가 된다'는 것은 카미와 부처가 블렌더 속에서 섞이듯 하나가 된다는 것이 아니라 그 둘은 원래 하나, 즉 같다는 것을 의미한다. 말하자면 신불습합이라는 것은 카미는 카미대로 부처는 부처대로 숭배되는 것이지만, 이들이 하나라는 진실을 아는 것에 방점이 있는, 사실상 인식론적noetic 관념이라고 할 수 있다.[5] 이 신불습합의 관념

Consciousness and hon–jaku philosophy in the Medieval Period on Mount Hiei," Translation by Allan G. Grapard, *The Lotus Sutra in Japanese Culture*, George Tanabe and Willa Tanabe (eds.), Honolulu: University of Hawaii Press, 1989; 黒田俊雄, 『顯密仏教と寺社勢力』, 法藏館, 1995.

4 여기서 신 혹은 카미를 일본 '고유' 또는 '토속'의 신이라고 하지 않는 이유는 그 유래가 복잡한 경우가 많고, 고대 중국이나 한국으로부터 전래되어 숭상된 카미(뭉뚱그려 반신蕃神이라고 칭한다)도 많기 때문이다. 여기서 말하는 카미는 불교적 신성 – 부처나 보살, 데바 등 – 이 아닌, 일본의 샤머니즘적 민속신앙에서 숭배되는 신을 일컫는다.

5 물론 신불습합은 불교의 사원과 카미신앙의 신사神社가 함께 있는 것과 같은 물리적 사실을 가리키기도 한다. 그러나 이러한 사실 또한 신불의 상동성 인식에 기반한다. 중세 불교학승들이 심화 발전시킨 습합논리에 의해 융합된 신불의 판테온은 물질적이고 가시적인 습합의 상징과 표현적 장치들의 증식을 가속화했다.

및 정교한 이론을 만들고 '패러다임'[6]으로 발전시킨 주체는 중세 일본의 불교학승들이었으며, 그중에서도 중세 시기를[7] 통틀어 종교적으로나 정치적으로나 일본 사회 전반에 걸쳐 막강한 영향력을 행사한 천태天台불교의 학승들이었다. 따라서 교리나 경전, 해설·주석서도 없던 오랜 전통의 카미신앙, 일본의 토속신앙은 이들 천태학승들에 의해 연구되어 '설명'되었고, 특히 그 신앙의 중심인 카미를 부처에 비교해 이해하려는 시도 속에서 일본의 카미는 사상 처음으로 학술적 담론의 대상이 되었던 것이다. 물론 그것은 천태교학을 인식의 틀로 삼은, 어디까지나 불교적 관점으로부터의 연구이고 그만큼 역학적으로 불균형한 담론임은 분명하다. 그러나 여기서 중요한 것은, 그 이해와 논의의 과정에서 불교학승들이 해석한 전통적 신神, '그 무엇'의 정체이다. 만물에 깃든 불가사의한 신이 어떻게 하여 인간과 소통하고 작용할 수 있는 것인지가 신불습합의 핵심 논리인 본지수적本地垂迹의 구조와 일본 천태교학이 발전시킨 깨달음覺의 교리, '본각本覺'사상의 복잡한 메커니즘 속에서 나름대로 해명되고 있는 것이다. 이러한 중세 천태의 카미담론은 15세기 중반 이후 요시다 신도吉田神道와 같은 독립된 신도교설의 개창에 지대한 영향을 주게 된다.

이 글에서는 중세 천태에 의한 카미의 해석과 논의를 고찰함으로써, 일본 샤머니즘에서 말해지지 않았던 철학적 바탕과 체계화된 적 없던 신학적 이론을 보다 구체적으로 이해하는 길을 제시하고자 한다. 사실 일본 샤머니즘

---

6 후술하겠지만 중세 일본 천태불교에서 발전시킨 '본지수적本地垂迹'이론은 신불습합의 구체적인 논리적 기반이다. 이를 바탕으로 신불습합사상이 중세문화 전반에 걸쳐 다양한 형태로 꽃피우게 되었다. 따라서 일본 종교의 연구자들은 본지수적을 중세 일본 문화의 '패러다임'을 이루는 중핵으로 보고 있다. Mark Teeuwen and Fabio Rambelli, *Buddhas and Kami in Japan: 'Honji Suijaku' as a Combinatory Paradigm*, London, New York: RoutledgeCurzon, 2003.

7 일본의 중세는 대개 12세기 말(헤이안 말기–가마쿠라 초기)에서부터 16세기 후반(에도시대 이전)까지를 가리킨다.

의 사상적 토대 등은 중세 이래의 신도교설이나 후대의 신도, 일본의 재래종
교, 샤머니즘 연구들이 도교적 음양설, 동아시아 고래의 자연관 등을 인식
론적 틀로 삼아 설명해 왔다. 따라서 이 글은 단지 그 위에 중세 천태교학이
라는 또 다른 인식론적 모델을 더해 줄 뿐인지도 모른다. 그러나 인간의 의
식과 의지라는 문제와 연결하여 신성의 의미를 설명하고 신과 인간의 불이不
二, 만물의 원융圓融·무애無礙와 그 깨달음을 강조한 일본 천태의 카미담론은
만물에 깃든 신의 의미, 불가해한 신과 인간 사이의 소통을 독특한 밀교적[8] 상
징언어와 교학적 논리를 섞어 탁월하게 설명해 낸다. 뿐만 아니라 우리가 지금
까지 놓치고 있었을지도 모를 샤머니즘의 윤리적 이상과 실천적 목표를 추
론하는 데 유용한 관점과 실마리를 제공한다.

　　이 글에서는 먼저 이러한 문제를 이해하는 데 필수적인 일본 중세의 신불
습합담론의 형성과 발전, 그리고 그에 이바지한 중세 천태의 특징과 지적문
화를 살펴보겠다. 이어서 일본 중세 천태학승의 학문과 문화가 방대하게 집
약된 지적 총화『계람습엽집溪嵐拾葉集』(ca. 1318-1348)[9]이 대변하고 있는
천태의 카미담론을 논의할 것이다.

1. 일본 중세의 신불습합과 본지수적론

공식적인 기록상 서기 552년 백제百濟를 통해 일본에 전래된 불교는 순탄치

8　일본의 천태는 중국이나 한국의 천태종과 달리 밀교密教, Esoteric/Tantric Buddhism와 습합하
여 전적으로 밀교종인 신곤真言의 동밀東密에 대하여 대밀台密이라고 불린다. 이에 대한 자세한 논의
는 이 글 주제의 범위를 벗어나는 것이라 지면의 제약상 생략하겠으나, 간략한 과정과 의의는 후술될
것이다.
9　高楠順次郎·渡辺海旭編,『大正新修大蔵経』2410(76), 大正一切経刊行会, 1924-1934에 수록됨.

못한 과정을 거쳐야 했다. 아스카조정 내에 이 신종교를 지지하며 세를 확장하려는 귀족 세력과 전통적으로 왕실·귀족이 숭앙한 카미[10]의 제사를 주관해 왔던 세력 간의 피비린내 나는 다툼이 그 승패를 번복하며 계속되었다. 결국 불교를 지지하는 쇼토쿠태자聖徳太子(574-622)의 권력 강화 및 그에 따른 불교 교세의 광범위한 확장 정책과 사업으로 불교는 강력한 종교적 장치들 - 수많은 경전과 주석서, 탑, 불상, 만다라, 불구佛具와 같은 체계화된 물질적 문화, 많은 수의 승려 등등 - 로 일본의 종교문화를 압도하게 된다. 불교가 처음 소개되었을 때 부처나 보살과 같은 불교적 신성은 '외래의' 카미로 이해되었는데, 이미 아시아 대륙으로부터 전래된 다양한 종류의 외래신을 섬기고 있던[11] 고대 일본인들에게는 새로운 신을 숭앙하는 것에 대한 위화감이 없었다고 봐도 좋을 것이다.

그러나 불교의 교세가 확장·강화되면서 카미의 권위와 신성은 격하되기

---

10 일본의 카미신앙은 각기 지역별 씨족의 조상신, 수호신 숭배에 바탕한다. 일본 고대의 중심 지역인 긴키近畿지방 – 오늘날의 교토, 오사카, 나라를 둘러싼 일대 – 의 제 씨족을 정복한 후 아스카, 헤이안으로 이어지는 왕실의 계보를 이룬 야마토정권의 수장 씨족의 조상신 중 하나가 아마테라스였다. 후대에 이들이 각 지역의 신화를 통합 정리한 내러티브가 일본 최고最古의 역사문헌인『고사기古事記』와『일본서기日本書紀』에 실리게 되었다. 여기에선 당연히 야마토계의 신들이 천신계天神界의 신들로 우위를 점하며 아마테라스를 그 으뜸인 태양신으로 삼게 된다(여러 연구에서 보이듯 아마테라스의 성격과 상징들은 많은 변화를 거쳐 현재와 같은 태양신인 여신의 면모를 갖추게 된다. 佐藤弘夫,『アマテラスの変貌』, 法蔵館, 2000; 伊藤聡,『中世天照大神信仰の研究』, 法蔵館, 2011 참조). 또한 다른 피정복 지역의 으뜸신들, 가령 아마테라스의 골칫덩어리 동생인 스사노오素戔嗚尊는 원래 이즈모出雲지역의 최고신인데, 신화에서는 천신계이지만 천계를 떠나 결국 지신계地神界(천신에 대응해서 지기地祇라고 명칭된다)의 원류를 이루게 된다. 이러한 신화에 나타난 카미신앙에 대해서는 다른 글에서 다루고 있으므로 생략한다. 여기서 강조하고자 하는 점은 아마테라스가 태양 혹은 '하늘의 빛'을, 스사노오는 바람·폭풍 혹은 번개와 같이 우주자연의 정령을 표상한다는 것이다. 이는 다른 여러 씨족신의 표상과 함께 카미신앙의 샤머니즘적 특성을 보여 주는 일면이다.
11 가령 중국 유래의 외래신들을 통칭하는 '카라카미漢神'나 한반도에서 유래한 신으로 추론되는 고즈텐노牛頭天王, 신라묘진新羅明神 등이 있다.

시작했다. 무엇보다도 연구, 해석, 저술의 지적 전통을 가진 불교의 위력은 불교문헌을 비롯하여 다양한 형태를 통해 드러나는데, 특히 교학적 지식이 없는 대중도 쉽게 이해할 수 있는 여러 가지 불교설화를 통한 교설의 전파는 주목할 만하다. 그중에서도 초기의 설화에서는 카미를 일반 중생과 다름없는, 업보에 얽매여 있고 불·보살의 구제가 필요한 대상으로 폄하하였다. 그러나 점점 불교 측의 카미신앙에 대한 이해가 깊어져 간 데다가 왕실을 위시한 지배층으로부터의 정치적·경제적 지원과 협력이 중요했던 현실이 불교의 카미에 대한 인식에 점차 변화를 가져왔다.[12]

먼저 카미는 '구제할' 대상에서 '구제된' 대상으로 격상되어 불법을 수호·장려하고 신실한 불승들을 지키며 돕는 '호법선신護法善神, dharmapāla'적 위치로 올라선다. 이는 인도의 불교설화에서도 특징적으로 보이듯[13] 토속신이 부처에 굴복하고 불법에 의해 교화되었기 때문인 것으로 묘사된다. 그 대표적인 예로 일본의 카미인 군신軍神 하치망八幡신을 들 수 있는데, 신불습합의 결과 '국가를 수호하고鎮護国家 불법을 보호하는 신령한 대보살大菩薩'로서의 칭호가 붙어 대중적으로 숭배되었다.[14] 이렇게 하여 일본의 카미는 서서히 불교의 판테온에 통합되기 시작한다.

하치망신·보살신앙의 대중화는 신불습합의 발전에 있어 또 다른 중요한 의미를 지닌다. 하치망신앙의 인기로 9세기경부터 많은 수의 하치망신궁神宮이나 신사神社가 동대사東大寺, 동사東寺, 대안사大安寺와 같은 유명한 사찰에 건조되었다. 이후 카미의 신사와 불사가 함께 공존하는 지샤寺社 또는 샤지社

---

12 일본의 카미신앙은 무엇보다 천황이 천신계의 으뜸신인 아마테라스의 직계자손이라는 믿음이 그 기초를 이룬다. 그만큼 왕실과 귀족에게 카미는 조상이자 자신들의 권위의 증명이므로 카미신앙과 제사는 당연히 신성시될 수밖에 없었다.

13 대표적으로 불법에 크게 감화되어 부처와 불법을 보호하는 호법선신이 된 제석천sakra, 혹은 인드라, 범천梵天 등이 있다.

14 Mark Teeuwen and Fabio Rambelli, 앞의 책, p. 13.

寺의 콤플렉스[15]가 헤이안 시기 동안 발전하기에 이르렀고, 이러한 물리적 동거는 자연히 상호 간의 이해를 도움과 동시에 불교 측의 카미신앙에 대한 관심을 촉발하였다. 특히 비예산比叡山에 자리한 천태의 연력사延曆寺와 같은 거대 사찰의 경우 대부분 신사 – 비예산의 전통적 신앙 대상인 산왕山王을 모신 히에신사日吉神社[16] – 를 전담하는 승려社僧가 따로 있었다. 무엇보다 이러한 신사와 사원의 콤플렉스에는 다양한 용도의 온갖 건물들이 있었는데, 그중 중심적 가람에서 떨어진 한적한 곳에 '별소別所'라 불리는 암자들에는 수행중인 승려뿐 아니라 전국 방방곡곡을 돌아다니며 대중에게 포교를 하거나 다른 사찰과 교류하는 불승들과 샤먼 타입의 주술사들이[17] 거처하였다. 학승들에 의해 발전된 본지수적론 같은 신불습합의 이론적 틀에 살을 붙이고 이야기를 만들어서 널리 전파한 주체는 바로 이런 '성스런 떠돌이'들이었다.[18] 이들은 포교활동 지역에서 숭앙되던 카미나 그에 관한 설화들을 자연히 익히고 그에 바탕하여 신불의 밀접한 관계를 설명하고 교설을 전파했다. 그로 인해 중세를 통틀어 습합으로 이어진 신불들의 기하급수적 증가를 낳게 되었고, 이는 다시 불승들에 의한 신불습합담론의 발전에 기여하게 되었다. 이러한 여러 종류의 포교자들의 활약으로 말미암아 헤이안 말엽에는 이

---

15 영어권의 학술용어로 temple-shrine 혹은 shrine-temple complex라고 칭한다.

16 현재는 대개 '히요시' 신사로 발음하지만, 중세에는 이 신사 이름의 또 다른 한자 표기인 '日枝'와 함께 '히에ヒエ'로 불렸다.

17 이들은 대개 히지리聖, 지쿄샤持経者 등 다양한 이름으로 불렸다. 한편 불교의 교리를 샤머니즘적 산악신앙에 접합한 슈겐도修験道의 수행자인 야마부시山伏들은 엑소시즘이나 점복, 치료 등을 민간에 행하며 불법을 전파했다.

18 이렇게 떠돌아다니며 포교활동도 하고 다른 사찰에 가서 교학적으로 교류도 하는 승려들의 불교 교세 확장에 있어서 공헌의 구체상 – 특히 이들을 'networking monks'라고 칭하며 – 을 연구한 사례들이 있다. Janet Goodwin, *Alms and Vagabonds: Buddhist Temples and Popular Pilgrimage in Medieval Japan*, Honolulu: University of Hawai'i Press, 1994; Brian Ruppert, 「日本中世のネットワーク僧と唱導・聖教の伝播」, 『東アジアの宗教文化宗教文化: 越境と変容』, 岩田書院, 2014.

미 본지수적이라고 하는 용어 자체가 수많은 문헌들 - 불교문헌이든 일반적 저술이든 - 에서 관용어로 쓰이는 것을 확인할 수 있으며, 이 개념을 바탕으로 한 설화나 설교문들도 볼 수 있다.

신불습합의 논리로서 본지수적의 기본적 의미는 본지本地, 즉 근본인 불佛이 카미로 수적垂迹(흔적을 드리운다는 의미), 즉 현현한다는 것이다.[19] 이것이 위계적인 관념이라는 것을 곧바로 알 수 있듯이 오랜 시간 동안 본지수적은 카미가 부처의 수적이라는 것을 의미한, 불교의 우위를 표상하는 체계였다. 15세기경 이 관계가 역전된 - 즉 카미가 본지이고 부처가 수적이라는 - 반본지수적설反本地垂迹説이 등장하여 신도설에 지대한 영향을 주게 되었다. 그러나 근본적인 시각에서 볼 때 누가 본지이고 누가 수적인가 하는 문제는 공허한 것으로, 이는 후술할 천태의 본각론 논의에서도 드러나게 되므로 이 역전에 대한 설명은 생략하겠다. 이 문제가 중요하다면 그것은 아마 거대 사원세력과 왕실·귀족 간 정치적 역학 관계의 맥락에서일 것이다.

본지수적론을 고찰할 때 무엇보다 중요한 것은 바로 '수적'의 개념이다. 신불습합담론의 형성과 발전을 더듬는 연구들에 따르면, 본지수적론의 시작은 수적이라는 개념의 논의에서 출발한 것이며, 아무도 본지나 근본이라는 용어를 거론하지 않았다. 왜냐하면 수적이라는 용어는 동아시아의 불경해석학 - 특히 『법화경法華經』을 중심으로 한 - 의 전통에서 파생된 것으로 '불佛'이 무엇인가를 이해하기 위한 도구적 개념이었기 때문이다. 수적, 즉 현현한다는 그 무엇은 두말할 것 없이 부처였다. 이 모든 것은 『법화경』에 등장하는 석가모니의 정체성을 둘러싼 논의에서 시작한다고 할 수 있다. 『법화경』 제11장과 15장에서 석가모니가 서기전 5세기 즈음에 인도에서 태어나 성불, 열반에 이른 역사적 성인 그 이상이라는 것이 드러난다. 제16장 여래수량품

19　여기서 부처와 카미는 모두 복수이다. 사실 모두 하나이지만 아미타불, 약사불, 미륵불 등등 수많은 불佛들이 있고 이들 각각이 여러 카미와 본-적 관계로 습합되는 것이다.

에서 이 인도의 석가모니는 영원불멸한 진리의 여래가 중생을 구제하기 위해 현현한 모습이라는 것이 밝혀지는데, 여래의 수많은 화현들이 중생을 깨달음으로 이끌기 위한 방편方便, upāya[20]이라고 역설된다. 이러한 『법화경』에서의 석가불의 정체성과 방편의 이념은 동아시아 대승불교의 교학적 개념의 발전에 심대한 영향을 끼치게 된다. 특히 중국의 불경학자 승조僧肇(384 혹은 374-414)가 '(근)본이 그 자취迹를 드리운다'라는 표현을 사용해 『유마경維摩經』의 내용을 해석하였고,[21] 중국 천태종의 개창자인 천태대사 지의智顗(538-598)가 본本-적迹의 개념을 더욱 체계화하였다.[22]

이렇게 하여 천태교학 내에 해석적 개념[23]으로 자리 잡은 본-적의 체계는 일본 중세 천태의 본각本覺사상 발전에 큰 영향을 미쳤으며, 또 한편으로는 부처와 카미가 하나되는 관계를 설명하는 논리적 틀로 응용되었다. 이렇게 일본 천태에 의해 발전된 본지수적론의 구조 속에서 카미는 부처가 화현한 신성으로서, 이는 일본인의 근기에 맞춘 방편으로 이해되었다. 또한 이 구조는 구래의 삼신설三身説, trikāya과도 맞물려 카미는 영구불멸 법신法身의 현현인 응신応身 혹은 화신化身으로 설명되었다.

---

20 불타는 중생 각자의 근기根機 – 지적 수준. 관심. 취향. 능력 등 – 에 따라서 깨달음으로 이끌 수 있기 때문에 각자 근기에 맞는 여러 가지 수단을 이용한다. 이는 비록 본래의 진실은 아니더라도 방편인 것이다.

21 僧肇選, 『注維摩詰經』 T3. 38, 1775: 327b3-5. 그밖에 자세한 논의는 吉田一彦, 「本迹思想の受容と展開: 本地垂迹説の成立過程」, 『日本社会における仏と神』, 吉川弘文館, 2006을 참조할 것.

22 지면의 제약도 있고. 주제에 직접적 관련이 있는 사항이 아니므로 구체적인 논의는 생략한다. Jacqueline I. Stone, *Original Enlightenment and the Transformation of Medieval Japanese Buddhism*, Honolulu: University of Hawai'i Press, 1999 참조.

23 간략히 말하자면 『법화경』의 해석을 위한 것으로. 전술한 석가불의 진정한 정체가 드러나는 제15장을 기준으로 앞의 14장은 여래의 화현으로 나타난 석가모니가 교설하는 적문迹門, 뒤의 14장은 영구불멸의 초월적 불타가 교설하는 본문本門으로 구분된다. 이런 본문–적문의 개념이 확대되어 일본 천태에 이르러서는 교상과 실천의 여러 범주에 적용되었고. 심지어 교파의 구별에도 사용되었다.

신불의 습합 관계를 설명하는 이론적 틀이 중세의 천태에 의해 고안되고 발전된 것은 많은 점에서 당연한 것이었다. 비예산에 자리한 천태사원 연력사는 중세 시기를 통틀어 지성의 총본산과 같은 곳이었다. 불교교학이 학문의 최첨단이고 승려가 최고 지식층인 그 시대에 연력사는 종파가 무엇이든지 간에 교학에 매진하는 승려라면 한번쯤 반드시 와서 배우고 가야 할 곳이었다. 그런 만큼 도겐道元, 호넨法然, 신란親鸞, 니치렌日蓮 등 일본 불교사에서 가장 유명한 승려들을 배출한 배움터였던 것이다.[24] 또한 무엇보다도 천태의 교학과 실천의 핵심인 원융圓融사상의 중요성을 생각하지 않을 수 없다. 한마디로 말해 리理·사事의 불이不二를 강조하고 다양한 사상事相 속에서 만물의 합일과 무애無礙의 진리를 확인하는 것을 이론과 실천의 이상으로 삼는[25] 천태에게 있어, 도처에 널린 신사들 – 그리고 상당수가 이미 천태 사찰과 밀접한 관계에 있는 – 에서 경배되는 카미가 어떻게 부처와 합일하게 되는지 고찰하는 것은 그 자체로 천태 교리의 해석적 실천exegetic/eisegetic practice이 되는 셈이다.

더구나 시간이 흐르면서 주술적 의례와 시각·청각적 상징물로 풍부한 밀교密教가 헤이안 귀족들 사이에서 각광을 받게 되자 이에 자극을 받고, '즉신성불即身成仏' 등의 밀교사상에도 호응하여 일본의 천태는 밀교와도 습합하게 된다. 현교顯教와 밀교가 일본의 불교계를 양분하고 밀교가 우위를 점해 가

---

24 이들은 소위 '가마쿠라鎌倉 신불교'라 불리는 선종禪宗이나 정토종浄土宗, 니치렌종日蓮宗 종파들을 개창하고 발전시켰다. 모두 천태교학과 실천의 문제점 및 엘리트주의를 비판하고, 이를 극복하기 위한 교학을 성립, 발전시킨 것이다. 그러나 이들 신불교에 미친 천태교학의 영향은 실로 지대한 것이었다.

25 구체적인 천태교학과 실천관을 보려면 田村芳朗·梅原猛, 『絶対の真理〈天台〉』, 角川書店, 1970; Paul Swanson, *Foundations of T'ien-T'ai Philosophy: The Following of the Two Truths Theory in Chinese Buddhism*, Berkeley: Asian Humanities Press, 1989; Jacqueline I. Stone, 앞의 책, 1999; 이영자, 『법화·천태사상연구』, 동국대학교출판부, 2007을 참조할 것.

는 것을[26] 목격한 천태는 현밀일치를 이상으로 여기고 천태 - 대밀台密이야말로 현밀원융의 진정한 원만한 가르침, '원교圓教'임을 강조하였다. 한마디로, 중세 천태는 당시 일본의 제 종교문화를 천태 중심으로 융합하고 천태교학과 실천에 일치시키기를 추구했던 것이다. 당연하게도 이는 천태의 종교적, 정치적, 경제적 위세가 막강했으므로 가능한 작업이기도 했다. 그러나 여기서 반드시 이해해야 할 점은, 천태의 권위와 권력이 강력했기 때문에 제반 불교 종파, 신앙관습 등을 융합하려 한 것이 아니라는 것이다. 천태는 이 융합으로써 만물의 불이·평등의 교리를 확인하며 실천을 시도했기 때문에 그 스스로도 가장 이상적인 가르침이라 자부하며 당대 지성의 중심으로 자리매김할 수 있었던 것이다. 이는 또한 천태의 소의경전인 『법화경』의 일승一乘사상의 실천이기도 했다.

본지수적론을 위시한 신불습합담론을 발전시킨 것은 바로 이러한 원대한 포용의 포부를 펼친 천태였다. 천태의 '대회大會' 교리는 중세 천태 학승들의 저술을 통해 실천되는데, 그중에서도 '기가記家'라 불리는 학승들은 그들의 기록문헌으로써 천태의 교학과 함께 현밀일치, 신불습합담론의 전파에 핵심적 공헌을 하였다.

2. 중세 천태 학문과 문화의 결정結晶, 『계람습엽집』

앞에서 살펴봤듯이 일본의 천태는 중국이나 한국의 천태와 달리 밀교와 습

---

26 이러한 중세 일본의 종교문화적 구조를 '현밀체제顯密体制'라고 명명한다. 黒田俊雄, 『顯密仏教と寺社勢力』, 法蔵館, 1995/1996; 平雅行, "Kuroda Toshio and the Kenmitsu Taisei Theory," Translation by Thomas Kirchner, *Japanese Journal of Religious Studies*, Vol. 23, No. 3/4, 1996, pp. 427-448.

합한 것이 특징인데, 공교롭게도 이 밀교와의 결합은 파벌의 양산이라는 의도하지 않은 결과를 초래했다. 밀교란 비밀로 전래되는 가르침을 뜻하는 것인 만큼[27] 각자의 스승으로부터 교리, 의례와 수행법 등을 직접 전수받는 것이 핵심 중 하나이다. 따라서 천태 또한 비밀전수원칙을 시행했는데, 중세 일본의 천태처럼 수많은 승려를 거느리고 있는 거대한 사원세력에 있어서 이런 관습은 쉬이 정치적 성격의 소모적인 경쟁과 도당 형성을 부추겼다. 그리하여 먼저 비예산 연력사 중심의 산몬山門과 비예산으로부터 떨어져 있는 평지의 원성사園城寺(혹은 미이데라三井寺) 중심의 지몬寺門으로 분열되고, 이때부터 확실히 비예산의 연력사가 천태의 중심이 되어 '(비)예산문화'가 중세 종교문화의 중추로 자리 잡는다. 이후 산몬 아래 실로 엄청난 숫자의 크고 작은 교파, 계보가 '○○류流'라는 이름으로 형성된다. 이런 상황에서 당면한 큰 문제는 – 유파 간의 경쟁과 반목을 차치하고 – 비밀전수인 만큼 상호 소통과 교류에 제한이 있어 오랜 시간 동안 교설이나 의례, 수행에 대한 이해와 해석을 둘러싸고 유파 간에 차이가 발생하는 것이었다. 이를 방지하기 위해 천태는 각 유파 간 교설 논의 등의 기록을[28] 전담하는 학승 집단을 양성했는데, 이들이 바로 기가였다.

기가는 오랜 시간 동안 수집한 자료들을 잘 정리해서 기록해야 했고, 또 많은 경우 자신의 해석을 첨가해 부족한 설명들을 보충해야 했으므로 기본적으로 학식과 지성이 뛰어난 학승들이었다. 그렇게 기가들에 의한 기록들이 새롭게 수집된 자료들과 함께 재정리되어 두터운 백과사전적 문헌으

---

27 물론 원래의 산스크리트어 명칭인 *Vajrayāna*나 *Tantrayāna*는 비밀이라는 뜻과 관련이 없지만, 비밀의례적 특성이 부각되어 영어명으로도 Esoteric Buddhism인 것이다.

28 비밀전수는, 주로 '키리카미切紙'라고 부르는 작고 길쭉한 종이에 요점만을 간결하게 적은 것을 돌리고 이에 대해 논의하는 형식으로 이루어진다. 이는 천태에서만이 아니라 중세 일본 사회의 전형적인 지식 전수 방식이었다. 田村芳朗・梅原猛, 앞의 책; Jacqueline I. Stone, 앞의 책. 기가들은 바로 이 키리카미들을 수집하여 정리해 수록했던 것이다.

로 편찬된 경우도 중세 시기를 통틀어 적지 않았다. 그리고 이러한 중세 천태 기가에 의한 기록물 중 백미가 학승 코슈光宗(1276-1350)에 의해 찬술된 『계람습엽집』(이하 『계람』)이다. 코슈는 여러 유파들을 돌면서 전수받고 교학뿐 아니라 문학, 천문, 산술, 토목, 의술, 점성술 등 여러 분야에 걸쳐 조예가 깊을 정도로 공부한 학승으로, 27년간 은둔하며 『계람』 집필에 몰두하였다. 그런 만큼 『계람』은 천태교학과 대밀의 교리, 의례, 불상, 사찰 배치 등등 가히 중세 천태의 학문과 문화의 총 집약이라 할 만한 풍부한 내용을 자랑한다. 현재 남아 있는 권수만도 130권인데, 원래는 300여 권이었다고 한다. 이렇게 방대한 기록에서 특히 일본 종교 연구자들의 관심을 끄는 것은 『계람』에 수록된 카미와 신불 관계에 대한 논의이다. 그것은 『계람』의 신불 논의가 여타의 문헌 중 가장 풍부하며 가장 원숙한 수준의 신불습합담론을 보여 주고 있기 때문이다.[29]

기가들의 기록은 비단 천태에 관한 것에만 한정된 것이 아니라 비예산의 문화 전체를 대상으로 하였고, 따라서 비예산에 관한 모든 것 – 지리, 설화, 풍습, 신앙, 건축물 등등 – 에 자부심을 가지고[30] 조사, 기록한 것이다. 그리고 무엇보다 불교적 사실들 이외에 가장 현저한 비예산의 문화는 바로 비예산 토속신앙인 산왕山王신앙이었다. 고대 시기부터 비예산의 산신으로 경배하던 오야마쿠이신大山咋神에 덧붙여 지신계地祇의 으뜸인 오쿠니누시大国主神

---

29 그러나 정작 『계람습엽집』 내용에 대한 심도 있는 연구는, 『계람』을 종교문학적 관점에서 바라본 다나카 다카코의 연구를 제외하면 거의 없다. 이는 역시 방대한 분량과 이를 가득 메우고 있는 상징적 표현, 은유, 알레고리 등의 난해성 때문인 것으로 보인다. 필자의 일리노이대학 박사논문 "Shaking Dance in the Stormy Valley: Tendai Discourse on Kami–Buddha Relations in Fourteenth Century Mount Hiei"에서 『계람』의 교학적 신불 논의를 중점적으로 분석하였고, 장차 이 연구를 바탕으로 한 저서를 낼 계획이다.

30 『계람』의 저자 코슈만 해도 '우리 산我山의 전통'이니 '우리 산의 교설'이니 하는 표현을 『계람』에서 매우 빈번히 사용한다.

와 앞서 언급한 하치망신-대보살의 또 다른 화현이라 여겨진[31] 쇼신시聖真子를 함께 모셔서 삼위일체의 산왕삼성山王三聖을 이루는 것이 산왕신앙의 카미 신격이었다.[32] 비예산은 이미 중세 시기에도 까마득한 옛날부터 신령스런 산으로 숭배되던 토속적 산악신앙이 발달했던 곳이다. 천태종이 이 산을 근거지로 삼으면서 비예산의 종교적 상징은 왕실과 국가 수호의 역할로까지 발전한다. 일본 천태의 개조인 사이초最澄(767-822)가 비예산에 천태의 사찰을 건축한 것은 그가 유학했던 당唐의 천태종 전통을 따른 결과였다. 중국 천태종의 사찰이 위치한 천태산天台山은 예로부터 숭배되던 산신桐柏真八王子의 본거지로서, 천태종 승려들은 이 산신을 산왕이라고 부르며 천태산이 불법과 자신들을 보호해 준다고 믿고 신성시했다.[33] 사이초는 이를 본따 일본에서 고래로부터 영험한 산인 비예산을 택해 천태의 본거지로 삼고, 비예산의 산신을 산왕이라고 부르며, 산왕삼성의 체계를 정립하는 데 공헌하였다.[34] 그 이

---

31 본지수적의 체계가 발전하면서 본-적의 관계는 부처와 카미 사이뿐만 아니라 부처-부처(삼신설 자체가 법신적 불타의 화현이라는 관념을 바탕으로 하는 교설이다), 카미-카미 간에도 성립하는 것으로 간주되었다. 특히 화현으로서의 카미는 이름 뒤에 '공겐権現'이라는 말이 붙어서 일컬어지기도 한다. 산왕의 경우 석가불의 수적이므로 산왕(J. 산노)공겐이라고 칭하기도 했다.

32 이 산왕의 신격과 신사의 연원이나 구조는 꽤 복잡한데, 일본의 샤머니즘 연구에 있어서도 연구 가치가 뛰어난 흥미로운 점들이 많다. 산왕의 신격과 신사를 둘러싼 이런 흥미로운 사실들이 『계람』의 논의 안에서만도 매우 많이 발견된다. 하지만 (『계람』에 나타난) 천태의 카미 일반의 상징에 대한 해석이 글의 중심 주제이므로 산왕에 대한 논의는 후일을 기약한다. 『계람』의 산왕 해석의 주요 부분은 필자의 박사논문 제2장에 논의되어 있다.

33 산왕은 불교 용어로, 한역漢訳된 『불경』에서 수미산須弥山을 가리켜 수미산왕이라고 했다(넓은 의미에서 산왕은 불교적 우주의 구조인 9산8해九山八海에 있는 모든 산들을 가리키기도 했다). 대표적인 용례들을 『장아함경長阿含經』 등에서 찾아볼 수 있다(佛陀耶舍, 『長阿含經』 413, 竺佛念 譯, T.1, 1: 114b27, c12, c18). 당의 천태 승려들은 자신들의 천태산을 바로 불교적 우주의 중심축인 수미산이라고 자부하며 그 산의 신성을 산왕이라고 했던 것이다. 보다 자세한 내용을 위해서는 水上文義, 「山王神道の形成―その問題点と留意点」, 『中世神話と神祇・神道世界』, 竹林舍, 2011을 참조할 것.

34 삼구조를 구축한 것은 물론 '3'이 불교적으로, 특히 천태교학에 있어서 가장 중요한 숫자였기 때문이다. 따라서 산왕삼성 각각이 법신法身-보신報身-응신應身에 대응하도록 다른 산의 신(오쿠니누

후 산왕신사는 점점 확대되어 삼성 위에 4명의 카미가 추가되어 산왕7사山王七社가 설립되었다. 이 7사를 다시 삼구조에 의해 확장시켜 상上7사, 중中7사, 하下7사가 설립되며(모두 합해 산왕21사)[35] 산왕신앙문화가 꽃을 피우게 된다. 이렇듯 비예산의 핵심적 종교문화였던 산왕신앙이기에 비예산의 전통을 논하는 기가의 기록에서 결코 빠질 수 없는 중요한 사안이 되었던 것이다.

3. 『계람습엽집』의 카미

산왕에 대한 논의는 『계람』의 카미론에서 당연하게도 가장 많은 분량을 차지한다. 『계람』은 크게 현顯, 밀密, 계戒, 기록記錄의 4부로 구성되어 있는데,[36] 이는 당시 천태학문의 전형적인 커리큘럼을 따른 카테고리였다. 4부 중 첫번째 현부 내에 '신명부神明部' 6권이 있으며 카미 제반에 대한 논의가 여기에 집중되어 있다.[37] 카미에 대한 논의는 대부분 특정 카미 – 대표적으로 아

시는 미와산三輪山의 카미)을 권청해 모시면서까지 삼위의 체계를 갖춘 것이며, 천태의 교문과 실천문상 핵심인 일심삼관一心三觀, 일념삼천一念三千 등에서 알 수 있듯이 천태는 삼제三諦에 바탕하여 진리를 세 가지 측면(공가중空假中)으로 이해하고 이 셋이 하나라는(삼제원융) 철학을 강조하는 교파였던 것이다. 이러한 천태철학은 밀교 교리를 재해석·재편하였고 그 결과 천태 밀교인 대밀은 밀교의 양부兩部가 아닌 삼부三部의 우주관을 형성했다. 따라서 삼구조는 천태가 카미신앙을 비롯한 만상을 이해함에 있어 절대적인 분석적 틀로 역할했다. 그리하여 천태학승들은 삼제의 진리를 확인하며 신불이 근본적으로 같음을 깨달아 간 것이다.

35 여기에도 샤머니즘적 내용의 7성七星신앙이 바탕을 이루고 있지만, 이에 대한 논의도 후일을 기약한다.

36 현부에서는 신명부와 함께 현교적인 천태의 교학과 교선教禪을 비교하여 논의하고 있다. 밀부에서는 불보살, 데바 등 각종 밀교적 신성에 관련된 교학 내용과 의례와 상징을, 계부에서는 교학에 바탕한 계법을 논하고 있다. 기록부에서는 내용적으로 이전의 부들에서의 논의와 많이 중복되나 기본적으로 비예산에 관련된 카미, 불보살, 건축, 불상, 전설 등을 다루고 있다.

37 그러나 밀, 계, 기록의 다른 부에서도 신불의 습합 관계에 바탕한 카미에 대한 언급과 논의가 두

마테라스와 산왕 – 의 습합 관계와 그 카미의 천태교학적 해석이 주를 이룬다. 가령 아마테라스는 대일여래大日如来의 수적으로서 석가불의 수적인 산왕과 하나되는 관계이다. 이것은 대일여래와 석가불이 불이不二의 관계인 것에 근거하는데, 그 자세한 내용은 생략하겠다. 그러나 여기서 알아두어야 할 것은, 이들의 습합 관계가 본지수적의 체계에 의해 설명되어 있긴 하지만, 이를 통해 이들 신불 간의 관계가 상즉相即과 불이의 관계라는 사실이 강조되어 있다는 것이다. 상즉이나 불이, 명합冥合, 무애, 일치는 『계람』 전체를 관통하는 핵심적 키워드들로서, 『계람』의 모든 논의들은 그 자체로써 천태·대밀의 원융사상을 표상하고 또 실현하고 있다고 할 수 있다. 결론적으로 말하면 본지수적의 논리적 근거가 되는 것은 상즉과 불이의 이치이며, 또 상즉·불이의 원리는 본지수적의 메커니즘으로 설명될 수 있다는 것이다. 비록 이 부분은 이 글의 주제 범위를 넘어서는 논의이지만, 그 대략적인 의미는 앞으로 전개해 나갈 『계람』의 카미 논의를 통해 차차 밝혀질 것이다.

『계람』의 카미 논의에서 무엇보다 주목할 점은 '카미란 무엇인가' 하는 정체성에 대한 직접적 정의보다 '카미가 (잘)하는 일은 무엇인가', 다시 말해 '카미는 무엇을 하는 존재인가'에 대한 설명이 그 이유와 함께 반복되고 있다는 것이다. 『계람』에 나타난 천태의 관점을 현대적이고 일상적인 언사로 표현해 보자면 카미는 '나타나(내)는' 일을 하는, 수적, 즉 '현현'이 본업인 존재이다. 『계람』에서 이러한 카미의 '나타나는 능력'을 가장 시적으로 표현하는 말로 '화광동진和光同塵'을 들 수 있다. 물론 이것은 『도덕경道德經』의 '도道'의 논의에서 등장하는 '화기광 동기진和其光 同其塵'이라는 표현에서 비롯한 용어인데, 일본에서는 특히 신불습합담론에 있어 '수적'과 화현의 의미를 설명하는 용어로 빈번히 사용되었다. 『계람』에 따르면 카미는 그 빛을 부드럽게 하

루 발견된다. 특히 기록부는 비예산에 밀접히 관련된 주제들을 다루고 있는 만큼 신명부의 산왕 논의가 자주 중복되어 있다.

고 티끌과 같아짐으로 해서(즉, 아주 작아짐으로 해서)[38] 현현하는 존재이다. 따라서 이를 카미의 '화광수적和光垂迹'이라고 일컫는다. 카미의 화광수적에는 목적이 있다. 그것은 바로 중생구제로, 카미는 화광동진함으로써 중생을 깨달음으로 이끈다고 『계람』 안의 천태는 천명하고 있다. 물론 이는 앞서 신불습합의 발전에서 살펴본 불법의 수호자로서 발전해 온 카미의 역할에도 부합하는 서술이지만, 정확히 카미의 수적과 중생의 제도가 어떻게 연결되는 것인지는 잠시 뒤에 논의하기로 한다.

이렇게 하여 신불습합담론을 통해 화광동진이라는 말 자체가 '무언가가/를 나타남/냄'을 의미하는 광범위한 용어로 발전되었는데, 『계람』의 저자 코슈는 '기록'이라는 것 자체를 중생의 이익을 위한 화광동진의 행위로 해석하였다.[39] 즉 기록이란 진리의 현현으로서 중생을 깨달음으로 이끌 수 있다는 것인데, 코슈는 서문에서부터 이러한 편찬 목적을 밝힌다. 이는 분명 기가로서 내면화한 화광동진의 이해를 보여 주는 것으로, 『계람』의 여기저기서 기록자로서의 자부심과 기록의 중요성에 대한 그의 생각을 확인할 수 있다. 특히 코슈는 서문에서 계람의 4부(현顯, 밀密, 계戒, 기記)체제와 각각의 카테고리의 중요성을 설명하면서, 아무리 현·밀·계의 가르침이 중요하다고 하나 결국 그것을 '말하는' 것은 기록(자)이라는 것을 강조하고 있다.[40] 여기에는 진실의 현전이라는 것 자체가 사람들을 깨달음으로 인도할 수 있는 일종의 보

---

38 동아시아사상의 맥락에서는 『도덕경』에서 유래한 화광동진의 '진'을 먼지나 더러움으로 풀이하여 주로 속세와 함께한다는 하화중생下化衆生의 의미로 해석한다. 하지만 신불습합담론에서의 카미 해석의 의미에 비추어서는 – 물론 중생의 속세에 내려온다는 의미로도 쓸 수 없다 – 우리가 볼 수 없을 만큼 미세한 형태로 현현해 불가사의한 작용을 한다는 의미로 해석하는 것이 더 적절하다. 이를 인식한 영어권 학자들도 '티끌과 같이 된다become (small) like dust'로 번역하는 추세이다. 무엇보다 조금 뒤에 볼 『계람』의 카미 사신蛇身화현 논의를 통해 이 티끌의 상징이 심화된다.

39 光宗, 『渓嵐拾葉集』, ca.1318–1348, T.76, 2410:503b23.

40 위의 책, 505b3.

살행이라는 인식이 바탕하고 있다.[41] 이렇듯 『계람』의 수적 논의에 비추어 볼 때 부처의 수적으로서의 카미 및 카미의 수적이 무엇보다 인간의 의식작용에 깊게 관련되어 있음을 알 수 있다. 카미를 통해 인간은[42] 진리에 다가갈 수 있는 것이다.

한편 『계람』에서는 카미가 수적할 수 있는 것이 그 신묘한 능력, 자유자재로 무엇이든 통할 수 있는 능력, 즉 신통력神通力 때문이라는 것이 강조되어 있다. 흥미로운 점은 밀교적 상징 표현과 비유, 알레고리로 가득한 『계람』에서[43] 카미의 신통력을 해석하는 방식이다. 전술한 산왕에 대한 논의 중 다음과 같은 산왕의 사자使者에 대한 설명이 있다.

산왕의 사자가 원숭이申인 것은… 원숭이는 아무것도 거칠 것이 없기 때문이다. 그래서 원숭이申를 '신神'이라 하는 것이다. 원숭이猿는 동물이지만 인간의 형태를 가지고 있으며, 천지天地를 자재로 넘나든다. 이들에겐 막힐 것이 없다.[44]

---

41 末木文美士, 『中世の神と仏』, 山川出版社, 2007; 田中貴子, 『渓嵐拾葉集の世界』, 名古屋大学出版会, 2003.

42 물론 『계람』은 '중생'의 이익을 위한다는 표현을 썼다. 물론 중생은 넓은 의미에서 감각과 의식이 있는 모든 유정有情을 일컫는 말이며, 깨달음 또한 엄밀히 말해 인간에게만 한정된 개념은 아니다. 그러나 기록을 읽을 수 있는 것은 인간밖에 없고, 『계람』에서 논의하는 진정한 깨달음인 본각의 메커니즘은 깊은 의식층에 바탕한 수행이 중요하기에 여기서 논의하는 중생은 좁은 의미인 인간으로 한정한다.

43 앞에서 서술했듯이 『계람』은 비예산 천태학승 집단 내에서 비밀전수되던 내용을 정리한 책이다. 비밀스러운 데다가 키리카미切紙라는 작은 종이에 적힌 내용이고, 밀교와 결합한 교학의 내용이기에 자연히 『계람』의 논의도 매우 압축적이고 비의적이다. 그러나 무엇보다 중요한 점은 『계람』을 위시한 기가의 기록물은 결코 일반 독자를 대상으로 쓰여진 것이 아니라는 점이다. 전술했듯이 이런 기록물은 기본적으로 분열된 유파들 사이의 교학 이해상의 차이를 줄이기 위한 것이었고, 그런 만큼 천태학승들을 대상으로 한 것이기 때문에 매 주제마다 그 로직을 일일이 자세히 설명할 이유가 없었던 것이다.

44 光宗, 앞의 책, 518b14-16, 672b14-16.

위에서 볼 수 있는 원숭이申와 카미神 간의 상동 관계homology는 비단 언어유희적인 차원에서 만들어진 알레고리가 아니다. 『계람』이 누차 강조하기를, '원숭이申'를 '보여 주는/나타내는示' 것이 카미라 하였다. 여기서 신申을 어떻게 해석해야 할지 명확하지는 않다. 그러나 항상 이에 연이은 논의가 원숭이가 표상하는 바에 대한 것이며, 이 논의는 또 카미의 무애와 자재의 현현 능력으로 연결된다. 무엇보다 카미의 무애자재의 신통력이 나타내는 진리는 보통 완전히 서로 대립되고 구분되는 관계라고 간주되는 영역과 사상事相 - 신성과 인간 속세와 같은 - 이 서로 '통通'한다고 하는 불이·원융의 진실이다. 즉 화광동진함으로써 인간과 통하기에 카미는 만물의 불이, 명합의 표상인 것이다.[45]

그렇다면 지금까지의 이 모든 카미에 관련된 표상과 담론들 - 화광동진과 수적, 기록, 중생제도, 산왕의 사자로서의 원숭이, 무애·자재, 통력 - 을 종합했을 때 중세의 천태가 해석하는 카미의 의미 중 적어도 한 가지가 뚜렷해진다. 그것은 앞서도 잠깐 언급했듯 인간에 작용하여 무언가를 '전한다'(기록과 '사자使者'의 의미를 떠올려보자)는 것이다. 무엇을 전하는가는 앞서의 화광동진과 중생제도의 논의로 대략 알게 되었다. 그러면 '어떻게' 그 무언가를 우리에게 전할 수 있는지, 『계람』은 그것을 특유의 압축적인 비의의 상징언어로 어떻게 논의했는지를 살펴보기로 하자.

---

45 『계람』에서는 누차 카미가 불이를 나타내는 것이라 했다. 특히 산왕은 그런 카미의 으뜸(왕)이다. 『계람』의 산왕 명칭의 해석에 의하면, 산은 셋(천태교학상의 공가중空假中 삼제를 의미)으로서 하나되는 이치를 표상하는 글자로, 그 자체가 불이의 상징이자 카미가 의미하는 바이다. 왕은 이러한 이치에 통달하여 공空에도 가假에도 치우치지 않으며 중도中道를 실현한다는 것을 의미한다고 한다. 따라서 산왕은 '불이중도의 신명不二中道 / 神明'이다(위의 책, 519b2).

4. 우리들 안의 아주 작은 뱀

『계람』의 찬술을 둘러싼 중세 천태학승의 문화에 대한 논의에서 살펴봤듯이『계람』과 같은 기가에 의한 기록은 스승과 제자 간의 전수를 기록 정리한 문헌이다. 따라서 자연히 사제 간의 문답식 대화로 구성된 내용이 많았는데, 그중 카미에 대한 논의에서 다음과 같은 독특한 대화가 눈에 띈다.

> 문: 카미의 수적은 왜 꼭 뱀의 몸으로 나타나는가?
> 답: 카미는 화광동진의 체이기 때문에 범부에 가까워질 수 있다. 범부란 삼독三毒의 체이며, 삼독의 무작본유無作本有 형체는 반드시 뱀의 형체이다. 일체 중생의 안의[46] 리성理性의 바다에 삼촌三寸도 안 되는 작은 뱀의 형상이 있다. 이것은 삼독의 체로서, 깨달음을 여는 본유의 체이다. 무작본각 본유의 체는 모두 뱀의 형태이다. 모든 카미들은 충류蟲類 같은 형상으로 수적하는데, 이는 범부의 뱀 형태의 삼독의 체에 응應하여 수적하는 것이다. 여기서 충류란 뱀의 몸을 뜻하는 것이다.[47]

다소 기묘한 위의 인용 내용을 이해하기 위해서 기본적으로 필요한 불교적 용어를 살펴보면서 논의를 진행하겠다. 먼저 삼독三毒, *kleśa*이란 우리가 깨달음覺을 얻는 데 있어서 장애가 되는 근본적인 오염의 세 가지인 탐욕貪, 분노瞋, 어리석음癡을 가리킨다. 달리 말하면 깨달음의 대립항인 무명無明, *avidyā*의 3요소라 하겠다. 위의 인용문을 따르자면 깨닫지 못한 보통의 인간은 그 자체로 이런 오염과 무명의 체, 즉 탐진치의 해악이 실현, 작용하는 바

---

46 원래 폐장 안이라고 되어 있다. 폐는 밀교적 색심불이色心不二적 시스템에서 우리 몸 안의 수륜水輪을 의미한다. 그 안의 뱀 형상인 념체念體가 화륜火輪인데, 이는 물과 불, 생과 사, 지智와 경境의 불이적 원융이 깨달음의 메커니즘이 되는 것을 말하는 것이다. 그러나 이를 이해하기 위해서 필요한 밀교철학적 관념의 복잡함으로 여기서는 생략했다.

47 光宗, 앞의 책, 517c. 여기서는 좀 더 길고 복잡한 『계람』의 내용을 축약했다.

탕이라는 것이다. 여기까지는 범부에 대한 불교의 일반적인 관점과 다를 바 없다. 그런데『계람』은 이 삼독이 뱀의 형체를 하고 있다는 수수께끼 같은 말을 하고 있다. 기본적으로 이는 진실을 이해함에 있어 6대의 원소(지地, 수水, 화火, 풍風, 공空, 식識)법에 바탕, 추상적 교리조차 구체화·형상화하여 분석하고 관조하는 밀교의 특성에 기인한다.『계람』스스로도 현교와 밀교의 차이를 논하면서 밀교는 법성法性을 6대의 원소에 근거하여 이해하기에 법계法界에 형색形色이 있다고 강조하였다.[48] 그렇기에 탐진치의 바탕이라고 하는 추상적인 관념에 형상을 설정한 것은 전형적인 밀교적 해석 방식이라고 할 수 있다. 하필이면 왜 뱀의 형상이냐 하는 문제는 차차 조명하기로 하자.

따라서 카미는 이러한 모든 중생이 공통적으로 지니고 있는 삼독의 체에 감응하여[49] 뱀의 형태로 수적한다고 하는 것이다. 카미의 수적이 왜 항상 뱀의 몸으로 나타나는지에 대한 승려들의 의문은 우리에게 이미 그러한 담론이 고정화된 선입관 – 물론 학문적인 의미에서 – 으로 자리 잡았음을 말해 준다. 신화 전승상 대다수의 카미가 – 아마테라스를 위시하여 – 용사신龍蛇神의 모습으로 나타나는 것도, 또한 밀교적으로도 이들의 상징물, 가령 각 카미의 범자梵字 상징에도 범자 특유의 구불구불한 모양을 아예 뱀으로 묘사한다든지 하는 사실들도 카미와 상징과 기호로서의 뱀이 깊은 관련이 있음을 보여 준다.『계람』의 모든 논의를 통틀어 뱀은 카미에 관련된 표상으로서뿐 아니라, 천태교학에 있어 매우 중요한 불이의 개념과 진정한 깨달음을 설명하는 데 결정적인 기호로 작용한다. 여하튼 카미가 중생에 감응한다는 것이야말로 본지수적론상 수적인 카미가 불교적 삼신설의 '응신應身'이[50] 되는

---

48 위의 책, 746c25–26.

49 응應/감응感應은『계람』에서도 호환적으로 쓰이는데, 결국 같은 말이다.

50 물론 '응신'이란 동아시아에서 삼신 중 'nirmanakāya'를 번역한 용어이다. 이 말의 축자적 의미에 보다 가까운 것은 또 다른 번역인 화신化身이라고 할 수 있다. 하지만 원래 형체가 없는 영원의 불타.

논리를 보강해 준다고 할 수 있다. 이 감응의 의미를 좀 더 명확히 알기 위해서는 위의 인용문을 계속해서 살펴볼 필요가 있다.

이 뱀의 형태를 하고 있는 것은 삼독의 '무작본유'의 형체, 즉 조건에 따라 첨삭이나 변형이 일어난 상태의 무명이 아니라 가장 원시적이고, 천연의, 본래적인 형체가 뱀이라는 것이다. 무작본유의 개념은 불교철학사에서 매우 중요한데, 요점만 얘기하자면 다음과 같다. 무작본유는 진리의 가장 본질적인 본성을 이해하는 두 개념, '만들어지지 않은/조건적이지 않은 것asamskṛta', '생멸변화하지 않는 것anutpada'과 깊은 관련이 있다. 다시 말해 가장 시원始源적인, 그 무엇보다도 오래된 것, 변하지 않는 것이 진리의 본성, 즉 진여眞如, tathāta이다. 따라서 이 개념은 불교의 진여관과 그에 기초한 교학의 핵심이라고 할 수 있다. 이러한 진여관은 특히 불변의 진리가 어떻게 조건적이고 가변적으로 연기하는 현상과 사물로 현현하는가 하는 문제에 대한 논의를 중심으로 대승불교 철학사상의 발전을 가져왔다. 무작본유의 진여관은 과연 깨달음이란 어떤 것인가 하는 논의에 직결되는데, 일본 천태의 본각론은 이러한 존재론적인 무작본유의 리理를 인식론적인 지智의 메커니즘과 상응시킨, 깨달음에 관한 가장 심화된 대승불교적 입장을 보여 준다고 할 수 있다.

지금까지 이 글에서 천태교학에 대한 논의는, 중세의 불교적 시각에서 이해한 카미라는 대주제에 관련된 개념과 사상만을 꼭 필요한 정도로만 제한해 왔으므로 본각에 대한 설명도 핵심적인 부분에만 한정하겠다. 본각本覺이란 모든 중생이 본래부터 지니고 있는 깨달음이라는 뜻으로, 이는 불교사상의 전통 속에서 발전한 '여래장如來藏, tathāgatagarbha'사상을 기반으로 한다. 이를 바탕으로 생멸변화하는 현상계 속 인간에게 본연적으로 갖추어져 있는

즉 법신이 화현하는 것은 중생들의 근기에 맞는, 즉 응하는 형태로 모습을 드러내는 것이므로 응신이란 이런 삼신의 논리에 바탕한 해석적 번역이라고 할 수 있겠다.

깨달음이라는 개념을 논의한 『대승기신론大乘起信論』의 본각을, 일본 천태가 화엄철학과 중국의 천태 철학상의 진리관에 관련된 논쟁, 그리고 밀교와 총합하여 발전시킨 사상이다.[51] 한마디로 본각은 우리 모두가 기본적으로 깨달음을 얻고 성불할 수 있다고 하는 희망의 메시지이자 자비로운 불타로부터의 선물인 것이다.[52]

다시 『계람』의 인용문 논의로 돌아가 보면, 놀랍게도 조금 전까지 삼독의 본래적 형체라고 했던 뱀이 이번에는 본각의 체라고 하는 것을 볼 수 있다. 이 패러독스를 어떻게 이해해야 할 것인가. 앞에서 인용된 카미의 사신화현 논의는 『계람』에서 관련된 주제가 나올 때마다 되풀이된다고 했는데, 주제에 따라서 표현이나 강조점이 조금씩 달라지나 요점은 같다. 그중 하나인 다음을 보자.

（카미가 뱀의 몸으로 나타나는 이유는) 일체 중생의 만들어지지 않은, 본유의 념체念體는 사곡심蛇曲ノ心이다. 그렇기에 범부중생들이 모두 뱀의 형태에 감득感得하는 것이다.[53]

여기서 뱀의 형상을 하고 있는 것은 인간의 념체, 즉 '생각'의 체이다. 물론 삼독의 탐진치 자체가 인간의 생각과 의식, 즉 마음에 관련된 개념이지만 여기서 더욱 확실해진다. 따라서 카미의 사신蛇身으로서의 수적은 우리의 의식과 소통하기 위한 것이라고 말할 수 있다. 이는 앞서 살핀 카미의 중생제도 역할 논의에도 부합한다. 즉 카미는 우리의 의식에 현현해 깨달음으로 이끌 수 있는 것이다. 위의 인용에 비추어 볼 때 평범한 인간들의 마음은 삼독으

---

51 田村芳朗·梅原猛, 앞의 책, pp. 251-253.

52 여기서는 자세한 내용을 생략하지만, 여래장이나 본각은 열반에 이르러 '떠난' 부처가 중생의 구원을 위해 '돌아온' 양상의 그 무엇이다.

53 光宗, 앞의 책, 623b12-13.

로 오염되어 있으나 근본적으로 이것은 본각의 체로서 깨달음을 '여는', 깨달음으로 향하는 문인 것이다. 이것이 중세 천태가 강조하는 각覺과 무명無明의 불이이며, 또한 본각사상의 바탕이기도 하다. 그러나 이것은 결코 인간이 가만히 있어도 깨달음을 저절로 얻게 된다는 의미가 아니다. 그렇다면 무엇이 본각을 실현하게 하는가. 그리고 무엇을 깨닫는다는 것인가. 이 지점에서 생각해 보아야 할 것이 '사곡심'인데, 이는 결국 카미가 화광동진한다는 것과 다시 연결된다.

5. 마음의 춤과 카미의 수적

인간의 생각의 체, 즉 삼독의 체이자 본각체인 그것이 왜 뱀의 형태로 설명되는가 하는 의문에 있어서 사곡심이라는 또 다른 뱀에 관련된 알레고리가 어떤 단서를 제공한다. 여기서 주목할 점은 다른 것보다 '사곡蛇曲', 즉 뱀이 구불구불 지그재그로 왔다 갔다 하는 것처럼 보이는 어떤 것의 형상화로서의 뱀인 것이다. 그러면 이는 마음이[54] 구불구불 왔다 갔다 한다는 뜻일까. 여기서 다시금 명심해야 할 것은 『계람』에 실린 논의들의 압축성이다. 앞서 언급했듯 『계람』을 비롯한 기가의 기록은 비예산 내의 천태학승들 – 수많은 유파로 갈라진 – 을 대상으로 한 서물이다. 모든 내용이 천태교학에 통달한, 당대 천태 내의 문화나 특수 용어에 대한 내부인으로서의 숙지 등을 전제하고 수록된 것이어서 로직을 일일이 설명하지 않기 때문에, 그 난해한 상

---

54 개념이 조금씩 구분되고, 특히 이 중에서도 심心이 다른 둘을 포괄하는 개념 – 체용體用에서의 체體 – 이기는 하나 념念, 식識, 심心은 결국 다 같은 것이다. 게다가 이 글에서는 지면과 주제 관련의 제약상 생략하였지만, 『계람』의 카미의 사신에 관한 논의에서 뱀은 또 심과 식의 작용으로 연결된다.

징언어는 차치하고라도 현재의 독자들로서는 『계람』을 이해하는 데 많은 고충이 따를 수밖에 없다. 더구나 이들의 문화란 비의적이고 폐쇄적인, 엘리트주의적 문화였기에 두루 전파된 천태-대밀의 교학 외에는 당대의 내부적 문화나 용어 같은 것을 - 어딘가에 기록되더라도 - 확인할 길이 없다. 다만 우리가 가진 천태교학적 지식으로 추론해 보는 것이 최선인 셈이다. 그래도 '사곡심'의 경우는 이것이 거론된 논의에 등장하는 개념들과 주제들이, 『계람』전체를 관통하는 핵심사상인 불이·원융, 그리고 이를 깨닫고 실현하는 본각의 의미에 밀접히 연관된 만큼 그 추론이 어렵진 않다. 더구나 이 글에서는 지면상 생략했으나 『계람』에서는 카미의 사신蛇身수적 논의에 잇따라 카미-뱀-심식心識이 연결되는 논의가 이어지므로, 사곡심은 역시 본각에 관한 알레고리라고 보는 것이 타당하다.

중세 일본의 천태가 발전시킨 본각사상의 내용을 이해하게 되면 사곡심의 의미는 사실 매우 분명해진다. 사곡심은 바로 본각의 메커니즘이라 할 수 있는 시공간적 'nonlinearity'[55]와 본지와 수적 간의 불이 관계를 상징적으로 형상화한 것이다. 이 본각의 메커니즘을 쉽게 요약해 보면 다음과 같다. 전술했듯이 본각은 누구나 본래부터 가지고 있는 깨달음인데, 보통 사람들은 그것을 깨닫지 못한다. 그러나 깨달음을 향해 발심發心하고 수행해서 해탈의 경지에 이르면, 처음부터 자신이 이미 깨달은 상태였다는 것을 발견하게 되는 것이다. 즉 본각은 자신이 이미 가진 깨달음을 재확인하는 것이 된다.[56] 그런 본각의 관점에서 보면 깨달음은 수행의 결과이자 원인이다. 그러나 중요한 점은, 깨달음을 이룬 데서 끝나는 게 아니라 이렇게 '되찾은' 본각이라도

---

55 당대 천태는 '본각은 어떠하다'라고 설명을 했을 뿐 이러한 해석적인 용어를 쓰지 않았다. 본각의 성격을 'nonlinear'하다고 해석하고 판단한 것은 영미권 학계인데, 이 말을 한국어로 적절히 번역하기가 쉽지 않다.

56 田村芳朗·梅原猛, 앞의 책; Jacqueline I. Stone, 앞의 책, Chapter 4-5.

수행을 게을리하면 다시 잃을 수 있다는 데 있다. 그러면 다시 발심을 일으키고 수행을 하는 것으로 돌아가야 한다. 그러나 이 과정 또한 단선적이지 않고 많은 단계의 의식을 바탕으로 한 수행인 만큼 여러 의식의 차원이 복잡하게 얽히고 뒤섞이게 된다. 일본 중세의 일반 대중들이 본각을 오해하여 누구나 있는 그대로 부처라는 안이한 해석을 해버리게 되는데, 이것은 결국 천태사원의 타락을 가져왔다.[57] 그러나 진정한 본각사상의 핵심은 바로 계속 반복되는 이 회귀적인recursive 모드에 있는 것이다. 즉 깨달음을 '얻는' 것이 아닌, '유지하는' 것에 중점이 있는 사상인 것이다.[58]

이러한 인과因果의 동시성과 회귀적인 본각의 메커니즘은 사곡심의 비유를 잘 설명해 준다. 어떤 길이 있다고 가정해 보자. 그 길이 직선이라면, 걷는 사람은 시작한 지점에서 다른 방향에 있는 지점까지 계속적으로 위상을 바꾸며 움직일 것이고, 결국 도달한 지점은 처음과는 전혀 다른 지점이 된다. 그러나 만약 이 길이 구불구불 꼬일 대로 꼬인 길이라면, 걷다가 같은 위상의 지점으로 반복해서 돌아오게 되는 일이 생긴다. 이것은 길이라고 하는 삼차원적 평면에 펼쳐진 상태에서 벌어지는 일이지만, 인간의 마음은 단지 삼차원적인 것으로 가시화될 수 없다. 그렇다면 그것은 단순한 지그재그적 왕복이기보다는 천태밀교적 다단계의식의 수행법에서 말하는 것처럼 시공간적 순서가 마구 꼬이고 얽힌 복잡한 회귀모드를 작동시킬 것이다. 그 형상화가 바로 사곡심이다.[59] 이런 점에서 볼 때 사곡심은 깨달음에 있어 핵심적인

---

57 물론 천태 승려들이 당대 권력자인 사무라이 계층에 아첨하여 살생이 업인 그들의 악행에 면죄부를 주려 더욱 이런 해석을 부추긴 면도 있다.

58 Jacqueline I. Stone, 앞의 책, pp. 216-217.

59 이런 점에서 보면, 시작점과 도달한 점이 같다는 얘기는 진리의 구조나 깨달음의 구조가 마치 뫼비우스의 띠와 같아서, 인간은 결코 시작과 끝, 원인과 결과, 안과 밖, 본本과 적迹 등을 구분할 수 없다는 것을 의미한다. 이러한 논리는 다층의 식識을 기반으로 하는 본각의 실천적 원리의 논의에서 드러난다. 본각 자체가 인과의 동시성과 역전이 작용원리인 개념인데, 이 논리에 따르면 본지와 수적의

우리 마음의 수행을 표상하는 것이라 할 수 있다. 그러나 인간의 마음은 뱀처럼 눈으로 볼 수 있는 것이 아니라서, 본각의 계속적인 회귀의 움직임이 우리 마음에서 일어나는 것, 그것이 뱀의 형체나 사곡심의 형상과 정확히 어떻게 연결되는지 아직은 모호하다.

앞서 든 길의 비유를 다시 생각해 보자. 이것이 '마음의 길'이라는 점을 염두에 둘 때 일상적인 물질세계의 길에서의 움직임과는 달리, 마음의 길은 어디 다른 곳으로 이동하지 않는다는 점에 주목해야 할 것이다. 앞서 논의한 『계람』의 알레고리적 표현으로 보면, 일체중생의 마음의 체인 우리 안의 작은 뱀은 실제로 사곡, 즉 구불구불 왔다 갔다 하는 것이 아니다. 그렇다면 이동하지 않으면서 끊임없이 왔다 갔다 한다고 할 수 있는 움직임이 무엇인가? 현대의 인간은 그것을 진동이라고 하고, 『계람』은 이를 진무振舞라고 부른다. 『계람』에 따르면 중생뿐 아니라 법계의 모든 사상事相이 고유의 진무를 한다.[60] 카미의 화광동진도 진무이다. 그리고 『계람』은 또 다른 압축적인 알레고리를 덧붙여 이를 설명한다. 진무는 부부명합夫婦冥合의 상을 나타낸다는 것이다.[61] 그렇다면 화광동진과 부부명합에는 어떤 공통점이 있는가? 앞서 카미의 화광동진 논의에서도 보았듯이 그것은 서로 다른(혹은 보통 다르다고 생각되는) 두 세계의 불이의 소통, 즉 감응이다. 이것이 성공적으로 이루어지기만 한다면 그 둘 사이에는 어떤 장애도 없는 것이 된다. 법계의 모든 사물과 현상에 거칠 것이 없이 – 즉 무애·자재 – 진무를 통하여 감응하는 것, 다시 말해 '공명共鳴'하는 것이야말로 신통력인 것이다. 카미는 바로 이러한 이상적인 진무의 표상이다.

관계 또한 역전될 수 있는 것이다. 서두에서 언급한 중세 후기의 반본지수적설(본지수적의 역전)은 바로 이러한 논리에 바탕하는 것이다.

60 光宗, 앞의 책, 760b–762c.

61 위의 책, 511b.

그렇다면 인간의 마음을 진동시키는 것, 즉 우리가 본래부터 가지고 있는 진무를 실현시켜 '다른 것들'과 공명하는 명합의 순간이야말로 카이로스적 kairotic 시간으로, 본각의 확인이 일어나는 지점이다. 그러나 이 공명의 수행이 계속되어야 함은 물론이다. 앞서 인용한 카미의 사신화현 논의에서 본 것처럼 우리들 안의 작은 뱀인 본각의 체는 진무, 즉 사곡蛇曲의 춤을 추어야만 본각을 이룰 수 있는 것이다. 이 모두를 종합해 볼 때 카미가 화광동진으로 수적하여 중생을 깨달음으로 이끈다고 한 천태 카미론의 논리성이 명확해진다. 카미가 수적한다고 하는 것은, 카미가 (특히나 뛰어난) 진무로써 역시 본유의 진무를 하는 우리들 안의 본각체에 공명하는 것이다. 그렇게 우리의 의식에 현현함으로써 카미가 우리에게 전하는 것은, 인간에게 그러한 진무, 소통, 공명, 명합의 능력이 본래부터 내재해 있다는 것, 다시 말해 우리가 본각을 지니고 있다는 환기와 초대의 메시지이다. 그런 점에서 계람의 사곡심과 진무란 알레고리야말로 물리적으로 붙어 있지 않으면서 하나가 되는, 즉 불일이불이不一而不二의 명합冥合의 불가사의한 이치에 초대하는 훌륭한 '심벌론 symbolon'이라 하겠다.

6. 나가며

중세 천태에 있어 깨달음이란 법계 만상의 불이와 원융을 이해하고 실천하는 것을 의미했다. 이런 점에서 볼 때 그들이 카미라는 재래의 신성을 연구하면서, 사실상 카미가 부처와 하나라는 것을 밝히는 신불습합담론은 그런 깨달음의 결과이자 동시에 깨달음으로 이끄는 천태의 해석적 실천이었다고도 볼 수 있다. 그 과정에서 그들이 발견한 것은 카미로 표상되는, 만물이 서로 통함으로써 신묘한 합일을 이루는 불이의 이치였다. 『계람』에서 진무로 비유되고 있는 이것은 구래로부터 카미신앙이 경배하던 신비스런 만물 정령의 정체였다. 그러나 무엇보다 카미의 진무는 인간에 감응하여, 인간이 이를 귀감으로 삼아 자기 본유의 진무를 발견하고 일체 법계의 사상과 감응, 너와 나의 차등이 없고 피아彼我 사이에 장애가 없는 불이원융의 진리를 깨닫기를 촉구한다. 샤머니즘이 말하는 신神을 접한다는 것의 구체적인 의미를, 비록 불교적 용어로 점철되긴 했어도 심도 있게 의미를 추구하며 카미를 '말하고' 있는 천태의 카미담론 속에서 확인할 수 있다.

이런 맥락에서 볼 때 읽어 낼 수 있는 중요한 메시지는 결국 이 모든 것은 인간의 의식과 행위에 달린 몫이라는 것이다. 카미의 화광동진의 현현을 맞이하는 것도, 카미의 조용한 초대를 읽고 그 스스로 다른 사상事相들과 어울려 공명의 춤을 추는 것도, 그를 통해 '내가 아닌 것'이라 여겨졌던 것들이 어디서부터 '나'이고 어디서부터 '타'인지 구별할 수 없을 정도로 얼키고설킨 불이의 관계라는 깨달음도, 인간이 '생각'하지 않으면 결코 이루어질 수 없는 일들이다. 이렇게 모든 것이 상즉, 상통한다는 진실의 순간, 즉 신을 접하는 순간은 사르트르의 유명한 주인공이 밤나무뿌리에서 존재론적 진실을 보고 구토하던 순간과는 달리, 천태에 있어 환희의 법락法樂의 순간이며, 또한 샤머니즘적 축제의 순간인 것이다. 너와 나의 무애와 불이라는 진리에 진정 기뻐하며 함께 춤을 출 수 있을 것인가. 그리고 이런 진리가 현실 세계에서 어떻게 실현될 수 있을 것인가. 이는 카미가 우리에게 조용한 진동의 소리로 던지는 질문이다.

제1장 스크린으로 돌아온 샤머니즘:
현재로서의 샤머니즘, 미야자키 하야오宮崎駿의 작품을 중심으로

기리도오시 리사쿠, 『미야자키하야오론』, 남도현 역, 열음사, 2002.

김산해, 『길가메쉬 서사시』, 휴머니스트, 2005.

김석희, 「욕망과 무욕의 내러티브 〈센과 치히로의 행방불명〉의 욕망 표상 분석」, 『일본어문학』 47, 2009.

나카자와 신이치, 『곰에서 왕으로: 국가, 그리고 야만의 탄생』, 김옥희 역, 동아시아, 2005.

_____, 『신의 발명, 인류의 지知와 종교의 기원』, 김옥희 역, 동아시아, 2003.

박규태, 『애니메이션으로 보는 일본』, 살림, 2005.

허영은, 「〈모노노케히메〉의 신화적 상상력」, 『인문과학연구』 31, 2008.

鈴木敏夫, 「ドイツ・ベルリン映画祭インタービュー」, 『ロマンアルバム·アニメーションスペシャル 宮崎駿と庵野秀明』, 徳間書店. 1998.

宮崎駿, 「子供たちに向けて僕は語り賭ける─宮崎駿監督インタビュー」, 『キネマ旬報』, キネマ旬報社, 2001.

柳田国男, 『ダイダラ坊の足跡』, 中央公論社, 1927.

杉田正樹, 「『千と千尋の神隠し』における成長」, 『GYROS 特集: アニメ文化』, 関東学院大学人間環境研究所, 2005.

제2장 도미야마 타에코富山妙子 화백의 작품세계 속 '무당' 모티브: 식민지주의에서의 '한풀이'를 위하여

홍성담, 「이제 예술운동은 사람 중심, 창작 중심이 되어야 한다」, 『노둣돌』, 1993. 봄.

Rebecca Jennison, "'Postcolonial' Feminist Locations: The Art of Tomiyama Taeko and Shimada Yoshiko," *U.S.-Japan Women's Journal*, No. 12, 1997.

Teo-ho Lee, "The Kwangju Uprising at Chisel-point: A treatise on Hong Sung-dam's Woodcuts in the 1980's," *Tomiyama Taeko and Hong Sung-Dam, From the Asians*, Acting Committee of 'Synergy of Soul' 5·18 Foundation, 1998, pp. 72-83.

Tsukasa Senni and Taeko Tomiyama, "The World of Tomiyama Taeko's Art," *Tomiyama Taeko and Hong Sung-Dam, From the Asians*, Acting Committee of 'Synergy of Soul' 5·18 Foundation, 1998.

菊地亮, 「『帝国』を追いかけて—富山妙子の仕事」, 『VOL』 1, 以文社, 2006.

李娜榮, 「『帝国』の慰安婦」事態に対する立場声明の経緯と今後の方向—歴史的不正義に対抗するトランスナショナルな連帯に向けて」, 前田朗編, 『'慰安婦'問題の現在—「朴裕河現象」と知識人』, 三一書房, 2016.

本橋哲也, 『ポストコロニアリズム』, 岩波新書, 2005.

富山妙子, 「遠い風景から射す影に」, *Silenced by History: Tomiyama Taeko's Work*, 現代企画室, 1995.

_____, 「海の記憶—朝鮮人従軍慰安婦に捧げる献花」, *Silenced by History: Tomiyama Taeko's Work*, 現代企画室, 1995.

_____, 『アジアを抱く—画家人生 記憶と夢』, 岩波書店, 2009.

_____, 『帰らぬ女たち—従軍慰安婦と日本文化』, 岩波ブックレット, 1992.

富山妙子・真鍋祐子, 「なぜ光州を語り, 描き続けるのか—光州事件30周年の年に」, 『月刊百科』, 2010. 12.

杉浦清文, 「引揚者たちのわりきれない歴史—植民地主義の複雑さに向きあう」, 西川長夫・大野光男・番匠健一編著, 『戦後史再考—「歴史の裂け目」をとらえる』, 平凡社, 2014.

辛淑玉・富山妙子, 『〈男文化〉よ, さらば—植民地、戦争、原発を語る』, 岩波ブックレット, 2013.

蟻塚亮二, 『3·11と心の災害』, 大月書店, 2016.

竹内好・鶴見俊輔, 「本当の被害者は誰なのか」, 『潮』 142, 1971.

池田忍, 「女性美術家と戦争の記憶・造形—富山妙子の/へのアプローチ(序)」, 『千葉大学人文社会科学研究科プロジェクト報告書—表象/帝国/ジェンダー: 聖戦から冷戦へ』 175, 2008.

_____, 「富山妙子と戦後『美術』と『日本』の境界—ルポルタージュから『歴史』へ」, 『JunCture 超域的日本文化研究』 1, 2010.

上野千鶴子,「平等に貧しくなろう」,「"考える広場"この国のかたち　3人の論者に聞く」,『中日新聞』,
　　『東京新聞』, 2017. 2. 11.

李杏理,「日本フェミニストによる相対主義の暴力」, http://readingcw.blogspot.jp/2015/12/blog-
　　spot.html(2015년 12월 14일 검색).

上野千鶴子,「人口減少か大量移民か？ちづこのブログ　No.113」, https://wan.or.jo/article/
　　show/7070(2017년 2월 16일 검색).

移住連,「『中日新聞』『東京新聞』(2017年2月11日)"考える広場　この国のかたち　3人の論者に聞く"
　　における上野千鶴子氏の発言にかんする公開質問状」, http://migrants.jp/archives/
　　news/170213openletter(2017년 2월 13일 검색).

清水晶子,「共生の責任は誰にあるのか―上野千鶴子さんの『回答』に寄せて」, https://wan.or.jp/
　　article/show/7074(2017년 2월 19일 검색).

제3장 샤머니즘과 지동설: 시베리아 제 민족의 샤머니즘과 한국의 무속

니오라쩨, 『시베리아 제 민족의 원시종교』, 이홍식 역, 신구문화사, 1976.

박석일 역, 『우파니샤드』, 정음사, 1994.

제임스 조지 프레이저, 『황금의 가지』, 김상일 역, 을유문화사, 1969.

조자룡, 『三神民考』, 가나아트, 1995.

Alain Danielou, *Shiva and Dionysus*, Translation by K. F. Hurry, New York: Inner Traditions
　　International.

Cirlot, J. E., *A Dictionary of Symbols*, London: Routledge and Kegan Paul, 1981.

Frotjof Cafra, *The Tao of Physics*, Berkeley: Shambhala Boulder, 1975.

Jeremy Narby and Frances Hayles (eds.), *Shamans Through Time: 500 years on the path to
　　knowledge*, New York: Tacher, 2001.

Kirk, G. S., *Myth, Its Meaning and Functions in Ancient and Other Cultures*, Cambridge:
　　Cambridge University Press, 1970.

Michael Ripinsky-Naxon, *The nature of Shamanism*, New York: State university of New York
　　Press, 1993.

Mircea Eliade, *A History of Religious Ideas*, London: Collins, 1979.

藪內淸, 『歴史はいつ始まつたか』, 中公新書, 1980.

赤松智城・秋葉隆, 『朝鮮巫俗の研究』上, 大阪玉號書店, 1938.

諸橋轍次, 『大漢和辭典』, 大修館書店, 昭和59年.

中村元, 『佛教語大辭典』, 東京書籍, 1975.

池田末利, 『古代中國宗教史研究』, 東海大學出版會, 1981.

秋葉隆, 『朝鮮巫俗の現地研究』, 名著出版, 1980.

반자로프 미하일로프스키, 『シヤマニズム研究』, 白鳥庫吉 譯, 新時代社, 1971.

Dordji Banzarov, 『シヤマニズムの研究』, 白鳥庫吉 譯, 新時代社刊, 1971.

Hans Findeisen, 『シヤマニズム』, 和田完 譯, 冬樹社, 1977.

Hans Findeisen, 『靈媒とシヤマン』, 和田完 譯, 冬樹社, 1977.

Jene Ellen Harrison, 『古代藝術と祭式』, 佐佐木里 譯, 筑摩書房, 1976.

Joseph Needham, 『中國の科學と文明』, 礪波護·杉山李郎(外) 譯, 思索社, 1983.

Mircea Eliade, 『シヤマニズム』, 堀一郎 譯, 冬樹社, 1974.

Pierre Grimal, 『ギリシア神話』, 高津春繁 譯, 白水社, 1983.

Scheffer, J., 『永遠の現在』, 江上波夫·木村重信 譯, 東京大學出版會, 1968.

Uno Harva, 『シヤマニズム__アルダイ系諸民族の世界像』, 田中克彦 譯, 三省堂, 1971.

제4장 중국 샤머니즘의 형성과 전개

김인호, 『巫와 中國文化와 中國文學』, 중문출판사, 1994.

문용성, 「漢代 知識人의 巫覡에 대한 認識範疇」, 『샤머니즘 연구』 2, 2000.

상기숙, 「중국 上古巫의 고찰」, 『한국 무속학』 6, 2003.

오만종, 「巫歌에서 詩歌로: 시경 속의 샤머니즘」, 『中國人文科學』 26, 2003.

이재현, 「중국 소수민족에 있어서 샤먼의 역할」, 『중국연구』 16, 1997.

이희정, 「샤먼의 神靈 接觸 形式에 관한 연구: 한국, 시베리아, 북미 샤먼들의 의례를 중심으로」, 서울대 박사학위논문, 1999.

임봉길, 「퉁구스족의 氏族正體性과 샤먼의 역할」, 『한국문화인류학』 18, 1986.

장광직, 『신화 미술 제사』, 신철 역, 동문선, 1990.

조흥윤, 「중공中共의 사만교연구薩滿教研究」, 『박물관기요博物館紀要』 2, 단국대학교 중앙박물관, 1986.

_____, 「中國 少數民族 종교문화의 성격」, 『民族과 文化』 5, 1997.

최준, 「니샨 샤먼의 저승 여행」, 『동아시아 고대학』 21, 2010.

Daniel A. Kister, "Shamanic worlds of Korea and Northeast Asia," *Journal of Korean Religions*, Vol. 3, No, 2010.

Mircea Eliade, *Shamanism*, New York: Pantheon Books, 1964.

Wu Bing-an, "Shamans in Manchuria: past and present," Hoppal and Sadovsky (eds.), *Shamanism*, Budapest: Ethnographic Institute, Hungarian Academy of Sciences; Los Angeles: International Society for Trans-Oceanic Research, 1989.

金海峰,「關於薩滿文化研究的幾點思考」,『長春大學學報』2, 2005.

劉建國,「關于薩滿教研究的機個問題」,『世界宗教研究』2, 北京: 中國社會科學出版社, 1981.

劉小萌,『薩滿教與東北民族』, 長春: 吉林教育出版社, 1990.

劉厚生,『清代宮廷薩滿祭祀研究』, 長春: 吉林文史出版社, 1992.

滿都爾圖,「薩滿教研究的十年」,『世界宗教研究』2, 北京: 中國社會科學出版社, 1992.

上海師範大學古籍整理研究組,「楚語」,『國語』, 上海: 上海古籍出版社, 1995.

徐梦莘,『三朝北盟会編』3, 古籍出版社, 1987.

王宏剛,「薩滿教叢考」, 王宏剛·張志立主篇,『東北亞歷史與文化』, 瀋陽: 邀瀋書社, 1991.

王國維,『末元數曲史』, 上海: 華東師範大學出版社, 1995.

于锦绣·杨淑荣,『考古卷』, 呂大吉·何耀華總主編,『中國各民族原始宗教資料集成』, 北京: 中國社會科學出版社, 1996.

允祿,『欽定滿州祭神祭天典禮』, 北京: 中央民族大學圖書館藏滿文本, 清乾隆殿本, 1747.

秋浦,『薩滿教研究』, 上海: 上海人民出版社, 1985.

黃强 色音,『薩滿教圖說』, 北京: 民族出版社, 2002.

제5장 무속의 관계적 인식론: 기독교 자연관과의 비교를 중심으로

김금화,『김금화의 무가집』, 문음사, 1995.

김동규,「한국 무속의 다양성: 학적 담론의 무당의 정체성 형성 사이의 '고리 효과'」,『종교연구』66, 2012.

김성례,「기복신앙의 윤리와 자본주의 문화」,『종교연구』27, 2002.

_____,「증여론과 증여의 윤리」,『비교문화연구』11, 2005.

김인회,「무속사상에서 본 국제이해 교육」,『전통문화논총』5, 2007.

_____,『한국무속사상연구』, 집문당, 1993.

김헌선,『한국 화랭이 무속의 역사와 원리』, 지식산업사, 1997.

로렐 켄달,『무당, 여성, 신령들: 1970년대 한국 여성의 의례적 실천』, 김성례·김동규 역, 일조각, 2016.

로이 라파포트,『인류를 만든 의례와 종교』, 강대훈 역, 황소걸음, 2017.

박일영,『한국 무교의 이해』, 분도출판사, 1999.

심우성, 「우리 민속신앙의 자연관」, 『한국기독교신학논총』 9, 1992.

이정배, 「유교적 자연관과 생태학적 신학」, 『신학과 세계』 36, 1998.

조흥윤, 『무와 민족문화』. 민족문화사, 1990.

_____, 『한국 무의 세계』, 민족사, 1997.

차옥숭, 『한국인의 종교 경험: 무교』, 서광사, 1997.

피어스 비테프스키, 『샤먼: 살아 있는 인류의 지혜』, 김성례·홍석준 역, 창해, 2005.

홍태한, 「도시와 무속: 서울굿을 중심으로」, 『실천민속학』 9, 실천민속학회, 2007.

Bird-David, Nurit, "'Animism' Revisited: Personhood, Environment, and Relational Epistemology," *Current Anthropology*, No. 40, 1999.

Kendall, Laurel, *Shamans, Nostalgia, and the IMF: South Korean Popular Religion in Motion*, Honolulu: University of Hawaii Press, 2010.

Smith, Wilfred C., *The Meaning and End of Religion*, Minneapolis, Minnesota: Fortress Press, 1991.

제6장 셸 위 댄스?: 일본 중세 천태불교의 카미神담론

이영자, 『법화·천태사상연구』, 동국대학교출판부, 2007.

Brian Ruppert, 「日本中世のネットワーク僧と唱導·聖教の伝播」, 『東アジアの宗教文化宗教文化: 越境と変容』, 岩田書院, 2014.

Jacqueline I. Stone, *Original Enlightenment and the Transformation of Medieval Japanese Buddhism*, Honolulu: University of Hawai'i Press, 1999.

Janet Goodwin, *Alms and Vagabonds: Buddhist Temples and Popular Pilgrimage in Medieval Japan*, Honolulu: University of Hawai'i Press, 1994.

Mark Teeuwen and Fabio Rambelli, *Buddhas and Kami in Japan: 'Honji Suijaku' as a Combinatory Paradigm*, London, New York: RoutledgeCurzon, 2003.

Park, Yeon Joo, "Shaking Dance in the Stormy Valley: Tendai Discourse on Kami-Buddha Relations in Fourteenth Century Mount Hiei," Ph. D. dissertation, University of Illinois at Urbana-Champaign, 2016.

Paul Swanson, *Foundations of T'ien-T'ai Philosophy: The Following of the Two Truths Theory in Chinese Buddhism*, Berkeley: Asian Humanities Press, 1989.

平雅行, "Kuroda Toshio and the *Kenmitsu Taisei* Theory," Translation by Thomas Kirchner, *Japanese Journal of Religious Studies*, Vol. 23, No. 3/4, 1996.

黒田俊雄, "Historical Consciousness and *hon-jaku* philosophy in the Medieval Period on Mount Hiei," Translation by Allan G. Grapard, *The Lotus Sutra in Japanese Culture*, George Tanabe and Willa Tanabe (eds.), Honolulu: University of Hawaii Press, 1989.

_____, "Shinto in the History of Japanese Religion," Translation by James Dobbins and Suzanne Gay, *The Journal of Japanese Studies*, Vol. 7, No. 1, 1981.

高楠順次郎・渡辺海旭編,『大正新修大蔵経』2410(76), 大正一切経刊行会, 1924-1934.

光宗,『渓嵐拾葉集』, ca.1318-1348.

吉田一彦,「本迹思想の受容と展開: 本地垂迹説の成立過程」,『日本社会における仏と神』, 吉川弘文館, 2006.

末木文美士,『中世の神と仏』, 山川出版社, 2007.

佛陀耶舍,『長阿含經』, 竺佛念 譯.

水上文義,「山王神道の形成—その問題点と留意点」,『中世神話と神祇・神道世界』, 竹林舎, 2011.

僧肇 選,『注維摩詰經』.

伊藤聡,『中世天照大神信仰の研究』, 法蔵館, 2011.

田中貴子,『渓嵐拾葉集の世界』, 名古屋大学出版会, 2003.

田村芳朗・梅原猛,『絶対の真理〈天台〉』, 角川書店, 1970.

佐藤弘夫,『アマテラスの変貌』, 法蔵館, 2000.

黒田俊雄,『顕密仏教と寺社勢力』, 法蔵館, 1995/1996.

김석희　일본 근대문학 전공. 경희대학교 국제지역연구원 HK연구교수이다. 주요 논저로『환동해 관계망의 역동성』(공저),『환동해지역의 비판적 성찰』(공저),『환동해지역의 이해』(공저),「기층문화의 수평적 인식: 환동해지역의 샤머니즘을 중심으로」,「동북아시아(환동해)지역 공간인식의 변화와 '집'의 공간문학: 한중일 현대문학 작품을 중심으로」,「환동해지역의 풍경예술과 토포스: 풍경예술을 통해 본 '동해'와 '시베리아'」, "Joseon in Color: the 'Colored Clothes Campaign' and the 'White Clothes Discourse'", "Beyond the Dichotomy of Collaboration vs. Resistance" 외 다수가 있다.

마나베 유코眞鍋祐子　조선지역연구·문화인류학·종교사회학 전공. 도쿄대학 동양문화연구소 교수이다. 주요 논저로『增補光州事件で読む現代韓国』,『自閉症者の魂の軌跡—東アジアの「余白」を生きる』,『キャンパスに見る異文化—韓国暮らしの素描』,『열사의 탄생: 한국 민중운동에서의 한의 역학』(김경남 역),『한의 인류학』(역서),『「大きなかぶ」はなぜ抜けた?—謎とき世界の民話』(공저),『昔ばなしで親しむ環境倫理』(공저),『中心と周縁からみた日韓社会の諸相』(공저),「アイデンティティ·ポリティクスとしてのツーリズム—中国東北部における韓国のパッケージ·ツアーの事例から」 외 다수가 있다.

박용숙　미술사 전공. 미술평론가이며, 동덕여자대학의 예술학부 교수를 역임했다. 주요 저서로『구조적 한국사상론』,『현대미술의 구조』,『한국화의 원류와 개념』,『민족미학의 구현』,『シャーマニズムよりみた朝鮮古代文化論』,『현대 미술의 이해와 오해』,『한국 미술의 정통성과 근대화』,『한국의 시원사상』,『한국 전통미술의 재발견』,『황금가지의 나라』,『한국 미술사 이야기』,『한국 현대 미술사 이야기』,『샤먼제국』,『샤먼문명』 외 다수가 있다.

신진식　중국 철학 전공. 인천대학교 윤리교육과 초빙교수이다. 주요 논저로 『동아시아의 타자인식』(공저), 『포박자 연구』(공저), 『東方文化與醫道』(공저), 『종려전도집』(역서), 『천년도인술』(역서), 『주역참동계분장통진의』(역서), 「삼국시대의 중국 唐·伍代 道教 전래에 관한 연구」, 「노자의 수양론 체계」, 「도교 생태사상의 현대적 의의」, 「馬祖신앙과 道·佛 관계 연구」 외 다수가 있다.

김동규　한국 종교 및 샤머니즘 전공. 서강대학교 종교연구소 선임연구원이다. 주요 논저로 『무당, 여성, 신령들』(공역), 『종교는 돈을 어떻게 가르치는가』(공저), 『고통의 시대 자비를 생각한다』(공저), 『샤머니즘의 윤리사상과 상징』(공저), 『샤머니즘의 사상』(공저), 『우리에게 귀신은 무엇인가』(공저), 「한국의 미신담론 이해: 타자로서 무속의 창조 과정」, 「무속의 정기의례와 현재성에 대한 사례 연구」 외 다수가 있다.

박연주　동아시아학(일본 종교) 전공. 일본 난잔대학 종교문화연구소 포스트닥터 연구원이다. 주요 논문으로 "Shaking Dance in the Stormy Valley: Tendai Discourse on Kami-Buddha Relations in Fourteenth Century Mount Hiei"가 있다.

경희대학교 국제지역연구원 환동해지역연구 시리즈

환동해지역의 오래된 현재

초판 1쇄 인쇄 2017년 5월 25일
초판 1쇄 발행 2017년 5월 30일

지은이 김석희 마나베 유코 박용숙 신진식 김동규 박연주

발행처 도서출판 해토
발행인 고찬규

신고번호 제313-2004-00095호
신고일자 2004년 04월 21일

주소 (121-896) 서울특별시 마포구 양화로7길 84
전화 02-325-5676
팩스 02-333-5980

ISBN 978-89-90978-99-8 93910